精神分析の学びと深まり

内省と観察が支える心理臨床

平井正三

岩崎学術出版社

目次

パート2　精神分析を深めること　85

イントロダクション

第1章　精神分析ってなんぼのもん？

関西文化圏では、「なんぼのもん」とよく問うことがある。誰か偉い人が言うからいいとか、みんなが言うからいいということではなく、自分にとって本当にいいものかどうか問うている場合、これを実質主義と捉えることもできよう。文化的ステレオタイプにおいては、大阪人にとってこの「なんぼ」というのは、お腹が膨れることであったり、物質的恩恵であったりするのに対して、京都人にとっては、より精神的な満足であると想定される。答えは人それぞれであるとして、この「なんぼのもん」という問いは、人を本当に考えさせる力があるように思う。

わが国では、街の書店にたくさんの精神分析の書籍が並んでいるし、多くの臨床心理士や精神科医もある程度精神分析の知識を持っている。おそらくこういう見かけの上での精神分析の普及度は、イギリスやアメリカの状況と引けを取らないか、もしかしたら凌いでいる部分があるかもしれない。コフートやウィニコットやクラインを知らない専門家は日本ではあまりいないかもしれないが、イギリスでは、ざらにいたように思う。ところが、おそらく精神分析に関心を持つ日本の一般の読者たちは愕然とするかもしれないが、ごく最近まで日本では精神分析を実践する臨床家はほとんどいなかった。文字通り、机上の空論だったわけである。逆に、最近でもときどき、臨床家の間で、私が精神分析を実践していると言うとびっくりする人が多くいる。寝椅子を使った自由連想法や、クラインの考案した遊戯技法などは、本に書いてあるだけのことで、実際に臨床で行うことではないと確信している人は、むしろ臨床家に多いようだし、おそらくそれは日本の精神分析臨床の現実を反映しているのだろう。私が関心を持って実践している子どもの精神分析的心理療法の分野においても、子どもに精神分析的心理療法を行なっていると主張している専門家たちですら、私がクラインと同じ方法で子どもに接しているセッションの報告を聞くと驚くことが多い。「本当にこんなことをやっているとは思わなかった」というのが彼らの典型的な感想である。多分こういう人々にとって、クラインの著作に書いてあることは、自分とは無縁などこか遠い国の人たちのことであり、文化人類学的関心で読んでいるのだろう。こういう読者にとって、クラインの著作に登場する子どもたちやクラインという精神分析家の中に自分自身を見出し、あるいは同じ人間として彼女と真剣に対峙するということは思いもよらないことなのだろう。ビオンは、本当に読む価値のある優れた精神分析の本のみが、防衛的な読みを刺激する力を持つという趣旨のことを書いているが、「これは実践（そして自分）とは無縁である」という防衛的反応を引き起こす力を、クラインの本はもっているように思う。

以上のように、多くの日本の臨床家にとって、精神分析は実践するものというよりも、実践で生じることを「理解する」理論であるように思われる。しかし、実践（そして自分）とかけ離れた「理論」というものは、臨床理論としての実質を欠いてしまっている。実際多くの臨床家は、精神分析理論を知性化の一つの形としてしか受け止めていないように思うし、それも故なしとは私には思えない。この場合、精神分析はなんぼのものかと言えば、それは見掛け倒しであり、外出用の衣装の一つに過ぎない。

それでは、週五回寝椅子を用いた自由連想法をすることが精神分析なのだろうか？　遊戯療法の中で、子どもにクラインのように「解釈」をすれば、それは精神分析の実践なのだろうか？　実践が重視されない点を問題に思う多くの日本の臨床家たちも、この点には、疑問に思ったり、反発を覚える人も少なくないように思う。それは、こういう意味での精神分析の実践が自分自身の臨床の現実とあまりにもかけ離れているように思えるからである。

私が、ロンドンのタビストック・クリニックで子どもの精神分析的心理療法の研修を受け始めたとき、蒙を啓かれる思いをしたことの一つは、精神分析の実践は日常とかけ離れたものではないということである。タビストックでは、日本の学会で行なわれているように難しい精神分析用語を連発する人はいない。皆自分の言葉で感じたこと、考えたことを表現するように努めているように見えた。週五回であるとか、寝椅子であるとか、あるいは「投影同一化」とか「α機能」といった奇異な言葉そのものが精神分析ではなく、人と深く関わり、自分自身に深く関わり、そしてそこで起こっていることを観察し、自分の気持ちを振り返り、何が起こっているか考え、話し合っていくことこそが精神分析の本質であることが普通に共有されていたように思う。このことを最も強く感じさせたのが、私が参加していた乳児観察コースの中にあるワークディスカッション・セミナーである。

ワークディスカッション・セミナーは、乳児観察コースを受講する、子どもと関わるさまざまな分野の専門家が、自分たちの臨床実践を持ち寄り、それについて話し合う場である。私は、当時、心理療法実践しか精神分析が本当に意味を持つことはないと勝手に思い込んでいたが、このセミナーでは、児童養護施設の職員の実践、養護学校の教師の実践、精神科の看護士の実践などが報告された。参加者はそれぞれの仕事の中で子どもとの間に起こることを細かく観察することを要求される。セミナーでは、そうして細かく観察されたことをもとに、子どもとその発表者の間で何が起こっているかを話し合っていく。そこでは既存の精神分析の理論を現象に当てはめるのではなく、参加者は自らの心を用いて、起こっていることの情動的性質を味わい、考え、自分の言葉でそれを表現していく。そうした話し合いを通じて、最初は雲をつかむような混沌とした臨床現場の観察の一断片から、次第に、そこに含まれる情動経験の性質だけでなく、心をもつ存在としてのその子どもの姿も生き生きと浮かび上がってくることがしばしばであった。私は、精神分析の醍醐味を味わったように感じたが、それは書物を通じて、あるいは日本の学会で感じる精神分析とは似ても似つかない精神分析の姿であったし、面白みであった。それは、日常と密接にかかわる精神分析であり、生きることそのものに根ざした実践であるという点で、普遍的な魅力を持つものであった。精神分析はフロイト以来大きく姿を変えつつあるかもしれない。既存の精神分析の実践や理論のあるものは不必要なものであり、時代とともになくなる運命にあるのだろう。また精神分析の「正統的実践」や学会や難しい言葉も本当に存続する必要があるかどうかは疑わしい。しかし、それらが消滅しても、情動経験の中に自ら没入し、それを振り返り考えていく（内省する）というこの精神分析の魅力は、揺るぎない「実質」のように思う。

本書は、私が日常実践している子どもと大人の精神分析的心理療法実践から一歩離れたところで考えてきたことを言葉にしてきた文章から構成されている。しかし、これらの文章の震源地は、おそらく私がクラインの「児童の分析」に連なるタビストックでの訓練と精神分析実践から受けた衝撃である。それは具体的には、私が以前の著作『子どもの精神分析的心理療法の経験』や『精神分析的心理療法と象徴化』で書いたような、子どもや大人のクライエントとの出会いであり、彼らとのそうした出会いがいかに心を動かすものであり、考えさせられるものかということ、つまり面白いかに関わる。こうした精神分析の学びと深化の一端が少しでも本書のさまざまな章を通じて読者に少しでも伝われば望外の幸せである。

第2章　心理臨床家の自立について
——内省と観察の営みとしての精神分析の学び、そして深まり

一、はじめに

私は市井の一開業心理療法士として毎日を送っている。一週間のほとんどを子どものクライエントの遊びを見守り、大人のクライエントの話に耳を傾けることに時間を費やしている。とても愉快な遊びや話ばかりとは言い難いそうしたクライエントの世界に身を浸しながら、それについて考える仕事をし続けるということはどういうことなのだろうか?

私がどういう仕事をしているかという話を人にすると、大変な仕事ですねと言われる場合が多い。実際にやっている本人が大変と感じているかというとそんなことはない。とてもやりがいのある仕事だと感じており、そうした仕事に出会えてよかったと思っている。かつて大学で教えていたこともあったが、こちらの方は実質の勤務時間ははるかに少なく効率よく給与の貰える仕事であったが、臨床の仕事をしている現在よりもはるかにストレスが高く感じていた。

この違いは何なのだろうか?　ほとんどの仕事上のストレスは、人と人とのぶつかり合いからくるように思わ

れる。大学の仕事の場合、会議を中心にこうした人と人との摩擦がえてして起こるわけであるが、こうした摩擦はたいていの場合どこにも行きつかない。摩擦を通じて何かを学ぼうなどと思っている人もあまりいない。摩擦は摩擦のままなのである。しかし心理療法の中で起こる摩擦はそこから意味が生じうる摩擦であり、大学教員と異なって、ありがたいことにほとんどのクライエントは何かを学びに心理療法にやって来る。私たちが、クライエントとの経験から何かを学ぼうとする限りにおいて、そこには互恵的関係が生じる可能性が高くなり、摩擦によるストレスは産みの苦しみになりうるのである。

よく大学を辞めて開業しようと思ったのはなぜですかと尋ねられる。答えは、私には大学の仕事、特に組織で働くことが性に合わなかったということと、心理療法の仕事が好きでそれに専念したかったというものである。実際、大学に勤めている友人や知り合いなどの多く（ほとんど？）が大学の職などやめたい、臨床に専念したいと話す。「臨床の仕事だけできればなあ」という言葉は頻繁に聞く。あるいは、大学でなくても、臨床のできるはずの仕事についたものの自分の思った形の臨床ができないことを嘆き、開業している私を羨ましがる同業者も多い。ではなぜそうしないのだろうか？　その理由の一端は私も分かる。そもそも私も大学や組織に勤めていたことがある。わかりやすい部分は経済的安定性である。黙っていても一定の収入があることは過小評価できない利点である。さらに隠れた要因として精神的安全感があると思う。開業するということは、経済的に誰も収入を保証してくれないというだけでなく、「自分一人の道を行く」ということがあからさまになることでもある。小舟で大洋に出航するような心細さを感じないわけにはいかないだろう。自分の臨床活動の全責任を自分自身がとっていく覚悟があるのだろうか、と自問せざるを得ない。最終責任を取ってくれる上司はどこにもいない状況になるのである。船長は自分自身でしかない航海が始まる。

しかし、私はこうした独立開業こそが心理臨床家の理念型もしくは範型であると考える。専門家の自立とは、自分自身の専門家としての判断を誰にも左右されずに成し遂げ、自分の専門的活動の全責任を自分自身が負うことができることであると言えよう。そうした意味で、独立開業こそが心理臨床家が目指す専門家の姿ではないかと私は考える。そして、精神分析こそ、そうした心理臨床家の自立を支える基盤でありうると考える。

二、開業精神分析実践が心理臨床家の範型であること

1　精神分析が心理臨床の中核的方向づけでありうること

現代はグローバル資本主義の時代と言われる。それが一体どういう意味なのか、確かなことは素人の私にはわからないが、質的な差異は問題にされなくなり、何もかもが量的な差異に変換されていくことのようにみえる。いわばウルトラ功利主義の波がやって来ていると考えられる。こうした大きな流れの中ですべての専門家はサービスを提供する「技術労働者」として資本に使われる存在に堕していく圧力下にあるように見える。そして、心理臨床家は「心理サービス」を提供する「心理技術労働者」にならざるをえないよう圧迫されているように思われる。

実際、医療現場で働く臨床心理士の多くは、医療サービスの提供者の一人として一医療技術労働者になっていく圧力のもとにあるように見える。たとえば、なるべく多く保険点数を稼ぐために、精神療法の時間は通常の五〇分もしくは四五分ではなく、三〇分にしている場合が多い。行政機関で働く臨床心理士もまた、心理臨床の専門性を発揮するよりも、より効率のよい「行政サービス」を提供することを求められる場合が多くなっているようである。限られたスタッフで「なるべく多くの市民にサービスを行うため」に、週一回の頻度の心理療法を行うことは難しくなり、隔週や月一回の心理療法が普通になっている。大学の相談室はどうなのだろうか？　大学の相談室は比較的こうした圧力から自由に見える。しかし、大学もまた教育産業の一環として、心理臨床そのものを促進する論理と異なる部分で動いていることも確かであり、そこで働く臨床心理士もそうした流れの影響を受けているように見える。

このようにどこの職場で働いていても、臨床心理士は、それぞれの職場の論理に従う一心理技術労働者であることを強いられてしまう圧迫のもとにあると言ってよいであろう。逆に心理臨床の専門家であること、心理臨床家であるということはどのようなあり方を指しているのだろうか？

私は、専門家とはクライエントに対して自分自身が持っている専門的知識と技量を駆使して自分のベストの専門領域のサービスを提供することができる人を指すと理解する。その際に「職場の論理」が介入してはならない。最終的には自分自身の判断を持てる力量が必要であり、その責任も負うことができる必要がある。時にその判断は、「職場の論理」と対立する可能性があるかもしれないが、「職場の論理」を無条件で優先させはしない。

こうした専門家と技術労働者の対比に匹敵するものを、料理の世界で見てみよう。専門家に匹敵するものとして料理人、技術労働者として外食産業の一労働者を想定することができよう。仮にそうだとして、料理人が日本文化やスローフードといった価値の体現者を自認するのと同じように、心理臨床家は自らの活動が体現していると言える理念や価値というものがあるのだろうか？

私は、技術労働者とは一線を画する専門家であるためには、こうした理念や価値観を持つ必要があると考える。そして心理臨床の専門家にとって、そのような有力な理念や価値観を提供しているのが精神分析であると考える。精神分析が開示しているのは、一つの価値観であり、ライフスタイルであり、社会のあり方であると私は理解している。精神分析は内省することを中核に据えた営みなのであり、内省することを価値あるものとみなし、それを軸にした生き方を促すとともに、内省に基づいて人に関わり、そうした関わりを基盤にした社会を志向するのである。

2　精神分析と内省

精神分析の方法、すなわち自由連想法についてフロイトは次のように書いている。

何でも心に浮かぶことを話してください。たとえば、列車の窓際に座っている旅人だとご自分のことを思っていただき、列車の中にいる人に、あなたが外側に見ている移り変わる景色を伝えるようなものだと思ってください。（Freud, 1913, p.135: S.E. より拙訳）

ここで明らかなように、精神分析を受ける人は、自分自身の「心の中」を列車に乗って車窓から風景を眺めるように見ていくことを要求されるのである。つまり、「心の内側を省みる」ことをしていくのが精神分析実践なのである。しかしこれは容易ではない。上記の引用に続いて、フロイトは、

最後に、あなたは私に一〇〇パーセント正直であると約束していただき、何らかの理由でそれがあなたにとって話すのが不快であるからといって話さないことがないようにしていただきたいと思います。（前掲書）

と、続けている。しかし、実際に一〇〇パーセント正直であるということは難しく、それは抵抗として概念化されていく。人間は自分自身の心のありのままを見ることが簡単にできるかというとそうではなく、見たくないものを見ないようにしているのが普通なのである。つまり、フロイトの自由連想法は、自由連想の不可能性、内省の困難を浮かび上がらせてもいるのである。人間は自分がこういうことを感じている、こういう考えをしていると思いたいことを感じ、思っていることにしたいのであって、そうではないことは「自分」と感じているものを脅かすのでなかったことにしたり見えなくなったりすることをフロイトは明らかにし、それを抵抗という精神分析実践の中核的問題群として捉えていった。人間には、内省しようとする部分とともに、内省に対して敵対する反内省的傾向も同時にあることをフロイトは明らかにしたと言えるだろう。

フロイトは、通常「内省する」と表現する行為には含まれないような、夢やとりとめもない考えや空想なども

内省活動の重要な部分であるとみなし、これらは反内省的な部分の敵対をすり抜けて〈ありのまま〉が表れる抜け道であるとみなした。そうして、被分析者は分析者の助けを得て、この抵抗を克服し、こうした夢や連想を通じて明らかにされる自分自身の心の見たくない〈ありのまま〉の姿を見ることが少しずつできるようになるのである。この「エスあるところに自我あらしめよ」(Freud, 1933) というあり方は、内省という営みを大幅に拡大し深化させていったと考えることができる。

さてこのフロイトの編み出した内省方法をさらに発展させたのがクラインの遊戯技法である。フロイトの方法は、言語に限定されていたが、クラインは、子どもの遊びが大人の自由連想に匹敵することを示したのである。これにより、内省の営みは非言語的な表現や活動に拡大されることになった。大人の夢も夢経験そのものは主に視覚的イメージから成る非言語的経験であり、子どもの遊びとよく類似したものであることをクラインは明らかにした。実際、先に引用したフロイトの記述でも、「列車の乗客」＝被分析者は「車窓から見える風景」をまず見ているのであり、言葉はそれを報告する段になって用いられているのである。さらにクラインは、スーザン・アイザックスの助け (Isaacs, 1948) を得て、精神分析の吟味の対象は人の主観であることを、「無意識的空想」という概念を通じて明確にしていった。つまり、クライン―アイザックスを経て、精神分析は、主観、すなわちその人がどのように人や世界を見ているかについて探索していく営みであることが明らかになっていったのである。

次にクラインは、人のこの主観は主に人と自分に関するものであり、幼少期からの両親などとの親密な関係を通じて形成されることを示した。そして、彼女は、人の心の中にあり人生を通じてその人を支えるのがよい内的対象と彼女が呼ぶものであり、その中核には母親との乳児的な依存関係の焦点であるよい乳房対象があると考えた。クラインは、この「よさ」は愛情と理解から成り立っていると考えた。

私は、クラインのこのよく知られた理論によって、フロイトが始めた分析状況における内省の真の意味が開示されたと考える。フロイトの考えでは、被分析者は抵抗を一人で克服することはできないのであり、分析者の助けを借りて、それを克服し自分の〈ありのまま〉を知っていくわけであるが、その際の分析者の理解と解釈が被分析者の内省活動に果たす役割は明確ではなかった。しかし、クラインの対象関係論は、分析者が被分析者の〈ありのまま〉を受け入れ、理解していることを解釈という形で提供することそのものが、被分析者にとって「よい対象」として立ち現れることを示唆している。そして、そもそも内省活動そのものが、乳幼児期に母性的対象に理解されるという経験を通じて形成されていくことが、クラインの仕事を展開させたビオン（Bion, 1962）によって示されていったのである。

ビオンは、クラインの言うよい対象の「よさ」の中核に「考えること」があるとみる。つまり、乳児のことを考えてくれる対象こそが乳児にとっての「よい対象」なのである。いまだ自力では考えられない乳児は現実のさまざまな状況に直面して、そこで生じた感情や考えの萌芽を母親の心の中に投げ入れる。これら乳児の感情や考えの萌芽を受け止めた母親は乳児に代わって感じ考えていき、それを乳児に返していく。こうしたやり取りを通じて、そのような自分のことを考えてくれる対象を内在化することで、乳児は自分で考えることができるようになる。

こうしたビオンを基盤としたポスト・クライン派精神分析理論は内省について何を明らかにしているだろうか？　人の内省活動、すなわち人が自分が何を感じ考えているかを考えていく営みは、乳幼児期に養育者に考えてもらう経験を通じて考える対象を内在化し、そのよい内的対象との関わりを通じて独力で内省することが可能になる。精神分析経験が提供しているのは、こうした内省を可能にするよい内的対象との十全な結びつきを失っていたり、内的対象が貧困化し十分に機能しなくなったりしている被分析者が、被分析者に関心を払い考え続けてくれる分析者との交流を通じて、考える内的対象とのつながりを取り戻し、それを豊かにしていく基盤を得ていく体験なのである。その際に、考えることに伴う痛みからそれに反発し考える対象を攻撃したり、あるいは憎みそれに背を向けてしまったりする自分自身の部分と折り合いをつけていく必要があり、考える対象へのこの愛情と憎しみの相克はそのようなよい対象を喪失する痛みという形で頂点に達する。なぜなら「考えるよい対象」

が真に公正に自分の〈ありのまま〉を見ることができるには、それがいわば自分から独立した存在であり、最終的には自分のものでも、自分が左右できる存在でもないことを受け入れられなければならないが、それはそれまで心に抱いていた「理想の対象」を失うことを意味するからである。つまりそれまで「よい対象」はどこか自分の思う通りの形で考えてくれる存在であり、都合の悪いことは「悪い対象」のせいにされていたのである。このような喪失の痛みをしっかりと経験することで、考えるよい対象を大切にし、自分の破壊的な部分に注意を払うようになることができる。すなわち考えるよい対象を安定的に内在化できるのである、

ここまで明らかにしてきたように、メルツァーが『精神分析過程』(Meltzer, 1967) において示しているように、ポスト・クライン派精神分析においては、被分析者は分析過程を通じて、よい内的対象との結びつきを失った自己愛的対象関係から、次第によい内的対象を見つけ出していき、「抑うつポジションの閾」を超えることでそれを安定的に内在化できるようになると考える。メルツァーは、このよい対象の内在化を通じて、被分析者は自己分析を継続していける基盤を得ると考えているようである。ポスト・クライン派精神分析おいて、精神分析経験は、被分析者が自己分析を持続できるようになること、すなわち内省し続けることができるようになることを目指すのである。

このようにフロイト―クライン―ビオンという精神分析の流れは、精神分析は被分析者が分析者との濃密な交流を通じて深く内省できるように援助することを目的とする営みであることを明らかにしていると言えるだろう。

3　精神分析的実践の範型としての開業実践

精神分析の目的は、分析を受けることを通じて、被分析者が自己分析できるようになること、すなわち内省できるようになることであるとして、このような実践をする分析者に必要な資質は何であろうか?

先に書いたように、ポスト・クライン派精神分析の考えでは、被分析者の心の〈ありのまま〉を捉えるのは、

分析者の考える心である。実際、フロイト自身が次のように書いている。

分析者は、患者から伝わってくる無意識に対して、受容器のように自分自身の無意識を差し向けなければならない。分析者は、電話の受話器が電話の向こう側から伝達されてくる声を受け入れるように調整されているように、自分自身を患者に向けて調整していかなければならない。電話の受話器が、音波から変換されて電話線を伝わっていく電波を再び音波に変えていくように、分析者の無意識は、分析者に伝達された無意識の派生物から、患者の自由連想を決定している無意識を再構成することができるのである。（Freud, 1912, pp.115-116: S.E. より拙訳）

つまり、フロイトも、被分析者の無意識を捉えるのは分析者の無意識であると明言している。ポスト・クライン派精神分析でこの電話線上の伝達に相当すると想定されているのが、非言語的コミュニケーションとしての投影同一化であるとみてよいだろう。この「電波」に相当するのがビオンの言う「β要素」と考えられるかもしれない。そうして「電波」を「音波」に変えるような変換作業は「α機能」とみてよいかもしれない。こうした作業は、分析者の観点からすれば、分析状況での経験を通じて自分自身の心の中に何が生じていることを、それが抑圧されがちなことであれ（フロイトの言う無意識）、未だ心的なものになってない生の経験であれ（ビオンのβ要素）、把握できる（抑圧を克服もしくはα機能／夢見ること）必要があることを示唆している。要するに、精神分析的臨床は、臨床家自体が、内省できる力を十分に持っている必要があるのである。

精神分析の実践家もこうした内省力を最初から持っているわけではないわけではないので、こうした実践をするためにはまず自分自身が精神分析を受ける必要がある。こうした個人分析の力を借りて、精神分析の臨床家は自己分析を実践することを学んでいく。こうした自己分析的な意味での内省実践は、自分の〈ありのまま〉について曇りない目で見ていこうと努めることを意味する。「こういう自分でいたい」「こんなことを考えているわけがない」といったものに左右されない必要がある。とりわけ、精神分析が明らかにしてきたのは、人間は万能感思考と結びついた自己愛的な傾向という厄介なものに目を曇らされがちであり、それはしばしばそのような傾向に実質を与えるように見える外的現実と相俟って、しばしば〈ありのまま〉を見ることが極めて困難になるということである。それは、「こんなことを思っていると同僚はどう考えるのか」「誰か偉い人がこう言っている」「精神分析ではこう考えるものだ」といった形をとるかもしれない。つまり、万能感的自己愛的な部分は内外から〈ありのまま〉を見ていくことを制約し、いわば言論の自由を制限する力という形をとると考えられる。精神分析の目指す内省は、こうした万能感的自己愛的制約から解放されていることを目指しているという点で、自分自身で考えることができること（think for oneself）であるとも言えるだろう。

このように自分自身で考えることができること、つまり独立した思考をもとに臨床活動を行うためには、どのような権威からも自由で独立していることは望ましい環境であると言えるだろう。そうした意味で、精神分析実践の範型は、独立した実践、すなわち開業実践と言ってよいだろう。

三、精神分析的心理療法開業実践の基礎としてのタビストック・モデルの精神分析

1　私自身の経験から

開業実践の現実

最初に書いたように、開業実践の現実はやりがいのあるものとしても、少なくとも表面的には生易しいものではない。「自分自身で考える」と言うと聞こえよいが、孤独で心細く感じることも多い。また臨床の中で日々クライエントからの投影に曝されることは、実りある形で結実することを目指し、しばしばそれはその通り報われる経験になるわけであるが、必ずしもいつもそうなるとも限らず、先の見えない中を小舟で航海しているようような

気持になる時もあれば、不毛な地を当てもなくさまよっているような心持になることも実際ある。さらに、クライエントが持ち込んでくることが、自分自身の中にある自己愛的万能的な要素を活性化し、いわば放射線を浴びた細胞ががん化して悪性腫瘍が蔓延っていくように、眠っていた破壊的な部分が知らないうちに大きくなってしまうこともありうるのである。自我肥大とか自己愛的勘違いと言えるような最後の例は頻繁に起こっているように思われ、開業実践のもっとも警戒すべき職業病であるとみてよいだろう。「自分自身で考える」「自由に考える」実践の弊害は、「独りよがりの自我肥大」ということであると言えるだろう。こうした開業実践の毎日を支えるのは何なのであろうか？　自分自身の歩みを振り返ってこれを考えてみたい。

日本での学び

私は最初京都大学の教育学部の大学院で臨床心理学を学んだ。当時そこは、河合隼雄先生を中心に心理臨床に対する熱気に満ちているように感じた。河合先生は、知識を増やし、知的な議論をすることよりも、クライエントと格闘する臨床実践経験を重視し、そこで感じたことをもとに考えることを奨励しているようにみえ、当時の私には大変新鮮にみえた。しかし、最初は毎回新しい考えに出会える場であったケースカンファレンスも、何回も出るうちに、「深いことが起こっている」「すごいことが起こっている」など判で押したような修辞が続いていることに気づくとともに、それがどう深いのか、どうすごいのか一向にわからないことが増えてきた。そもそも自分自身心理療法でどのようなことが起こり、どう理解してよいのか、そうしたことを行える基盤が自分にあるのか、ということも実におぼつかなかった。正直に言うと、自分の人生のかじ取りさえ危うい自分が、自分の手に負えない何かを抱えてやってくるクライエントの役に立てるなどとはとても思えなかった。もっと悪いことに、臨床の仕事を心から面白いと思うこともなかった。実際当時の私のまわりの「有望な」先輩たちは、心理療法のセッションが終わるたびごとにため息をついたり大変しんどそうにしたりしている人が多かった。臨床と格闘するというのは、そうしたクライエントのために「しんどい」経験をすることであり、セッション後に「しんどそう」にすることは「すごい臨床家」になりつつあるという証のようになっていたと思う。つまり、「臨床が面白い」なんていう考えはそもそも異質なものであったのである。そうした実感とは別に、「河合隼雄先生というすごい臨床家が教える、すごい場にいるエリート学生」という意識だけが大きくなっていったように思う。つまり、世間が自分を見るであろうと思う自分と、実際に自分だと認識している部分との間に大きなギャップが起こってきていることを少しずつ自覚していった。幸か不幸か、こうした「心理臨床のエリート大学院」にあって落ちこぼれに近かった私は、すべてが「王様は裸」状態に見えてき、どこか別のところに行くしかないという思いは強くなった。そこでたまたま当時ロンドンから帰国したばかりであった、衣笠隆幸先生や、北山修先生、山上千鶴子先生の話を聞き、タビストック・クリニックに新天地を求めることにした。

タビストックでの学び

タビストック・クリニックでは私はまず乳児観察コースに入り、そののち児童青年心理療法の訓練コースに入り、精神分析的な児童青年心理療法士の資格を取得した。このコースの具体的な詳細については別のところで（平井、二〇〇九、また鵜飼、二〇一〇も参照）述べたので省略するが、私はタビストックの訓練課程に入ってまず面食らったのは、ここでの訓練では基本的に座学はほとんど重視されていないことであった。京都大学でそうだったように、偉い先生の話をうんうん聞いているだけではだめであり、ほとんどの授業は少人数のセミナーで皆自分自身の臨床経験をもとに、自分の考えを日常用語で話せなければならなかった。先に述べたように、もちろん、京都大学でも臨床実践経験が大切と考えられていた。しかし、臨床実践経験にどうアプローチしていったらいいかについて教えられることはなく、なんとなくそんなことを聞くのはそれ自体「できない人」の証明になってしまい誰にも聞けなかったように思う。

ところがタビストックでは、心理臨床実践をするためにどのようなスキルが必要かについては明確な考えに基づく訓練が行われていた。それは、タビストック方式乳児観察訓練に端的に表れていた。これは、生まれたばかりの赤ん坊のいる家庭に週に一回一時間決まった曜日と時間に訪問し、赤ん坊と母親や家族との間に起こるやりとりを観察してくるというものである。記録は、観察時に取るのではなく、観察が終わってから書き上げる。訓練生は五、六名のセミナーに属し、セミナーでは交代に毎回一回分の観察記録を話し合う。こうした一連の営みを赤ん坊が二歳になるまで続けるというものである。

この観察訓練で何を学ぶのかについての詳細は先に挙げた本など、これまで何度か論じてきたので立ち入らないが、これは臨床実践経験をもとに考えていくことのできる力、すなわち経験から学ぶことのできる力を培うことのできる訓練であることをまず指摘しておきたい。詳しく見ていくと、この訓練法は、三つのスキルを養成するようになっていることに気づかされる。まず、精神分析的観察と呼べるような観察ができる力である。精神分析的観察は、非言語的原始的な表現やコミュニケーションへの感受性、対人交流を見ていけること、自分自身の心の中に起こること（逆転移）を見ていける力（内省力）から構成されている。これは、先のフロイトの比喩で言えば、受話器としての「電波」を捉える感受性を培うわけである。次に、こうして観察されたことは、「電波」を「音波」に変えるように、記録という形の言語的表現ができなければならない。精神分析的に豊かな記録を書くには、言葉になりにくいもの、受け入れがたいこと、考えたくないことなどを含む、観察で捉えたこと全体を言葉で表現できる必要がある。これが二番目のスキルである。そして最後にこうして書き上げた記録を、セミナーの中で討議する。討議は、「この子はこれができるようになっているから発達は正常である」「母親のこの関わりはよくない」といった規範的な判断は排除し、赤ん坊と母親との間、観察者と赤ん坊との間など、観察状況に起こっていることそのものをできるだけ細かく検討していくことに集中する。観察者は、観察し、記録を書いているときには見えていなかったいくつもの視点が開示されていくことに驚く経験をしばしばすることになる。この最後のグループ討議を通じて観察したことを熟考するという経験は、こうした経験を内在化していくことを通じて臨床思考の基盤にこうした「多視点の討議」を据えることにつながっていくと考えられる。つまり、精神分析の臨床思考は基本的に「自分」を超えたいくつかの視点との対話を通じて練り上げられていくことを学んでいく。これが三番目のスキルである。

このようにして乳児観察訓練では、〈参与観察を通じて対象となる人と人との関係性を詳細に観察し、それを自分なりに把握して記録し、そして記録されたことについてそこで何が起こっているか熟考すること〉を徹底して訓練していくわけである。このような精神分析的観察―臨床思考訓練は、少し考えてみれば、心理臨床全般に役立つことがわかる。実際、タビストックの乳児観察コースは、精神分析的心理療法士になるための訓練コースと言うよりも、広く心理臨床に関わる人に精神分析のスキルを提供することをその目的としている。そうした目的のために主に提供されているのが、第一章でも書いた、ワークディスカッション・セミナーである。

ワークディスカッション・セミナーでは、心理療法以外の臨床場面での観察記録をもとに、五名ほどから成るセミナー・グループで討議していく。基本的には、乳児観察実践で行っていることを、より広い臨床場面で応用していく力をつけていくのが主眼のセミナーである。たとえば、特別支援学校で教える教師が、ある授業で起こったことを詳細な記録に取り、グループに持って来る。ここでも討議の焦点は、生徒同士、あるいは生徒と教師、あるいは教室全体で何が起こっているか考えていくことにある。そののち初めて、教師という役割に照らし合わせて、どのような対応が適切か考えていくことになる。臨床実践に関わっていると、どうしても「どうすべきか」ということばかりに注意が行ってしまい、何が起こっているかじっくりと考える機会や余裕を失いがちである。ところが、的確な臨床判断は、結局何が起こっているかを熟考することなしには不可能なのである。このように自分が関わる臨床状況を詳細に観察し、それをもとに何が起こっているか熟考していくことこそが精神分析であることを実感させてくれるのがワークディスカッション・セミナー経験であった。

この乳児観察コースでの学び、そして自分自身が精神分析を受け始めて、次第に私は精神分析が何をするものかわかってきた。それは日本にいたときに、本で読んで理解していたものとまるで異なっているのであった。日本で理解していた精神分析は、臨床場面で起こっていることを精神分析理論で説明するものという側面が強かったように思う。しかし、ロンドンに行って初めて、精神分析は自分が精神分析を受けないとわからないことを実感した。野球をしたことがない人が、野球のことが書いてある本を読んで、野球を知っていると言えるだろうか？　考えてみたら当たり前のことなのであるが、精神分析は実践の学なのである。プレイすることが精神分析なのであり、極端に言えば、クラインの書いているものは、いわば野村克也が野球について書いているものと同じようなものなのである。野村克也の書いている本を読むだけで野球をしたことがない人が野球のことを知っているとは言えないのと同じように、精神分析を受けたことがなく、プレイしたこともなく、クラインの書いていることだけを読んでいる人は、精神分析を知っているとは言い難いのである。もちろん私は日本でも心理療法の実践をしていたが、タビストックで「プレイ」されている臨床実践は日本で経験したものとまるで異なっていた。

心理臨床全般に応用可能な精神分析実践の核心的な部分については乳児観察とワークディスカッション・セミナー経験で見えてきた。しかし、精神分析臨床プロパーについては、児童青年心理療法コースに進み、心理療法実践に携わるようになって初めてそれがどういうものであるか学ぶことができるようになった。日本での学びと異なり、やはりタビストックでの学びは、何を学ぶか、どのような経験をしていくか明確な方向性が示されていたことが私には実り多かった。日本でプレイセラピーを学んでいるときは、とにかく子どもとラポールをつけ、遊び、子どもとぶつかり合う中で子どもは変わっていく（と勝手に乱暴に理解していた）という考えに基づく以外、あとは治療者の「センス」だけが問題であるようにみえた。そして、事例検討会では、発表資料は毎回子どもがどんな遊びをしたか列挙されているだけのもので、やはりコメントは「これでいい」とか「これはだめ」式の価値判断的なものが主で、正直興味が持てたことはなかった。これに対して、タビストックで学ぶ子どもの精神分析的心理療法では、子どもの内的世界が集結するような条件、すなわち精神分析的設定を作り出し、精神分析的観察を通じて起こっていることを把握し、熟考し、解釈という形で言葉で子どもに伝えていく、という明確な方法論が提示されていた。驚いたことに、このような方法論をもとに、子どもと接していくと、日本にいた時には見えなかった、子どもの生き生きとした世界の中に自分が深く関わっていっていることが実感できるようになっていった。子どもの世界に触れることがこれほど心を動かされ、いろんなことを感じ考えさせられるとは日本にいた時には想像すら出来なかった。一言で言えば、子どもの臨床が面白くて仕方なくなったのである。

このようにタビストックの訓練で、私は心理臨床において、何をどのように経験していき、どう考えていくかの基本を学んでいくことで、臨床の面白さを知るようになり、そうすると臨床にもっともっと精力を注いでいきたいという気持ちが生じてきたと言えるだろう。英国の精神分析研究所（Institute of Psycho-Analysis）のホームページに「世代を通じた出会い（Encounters through Generations）」と題したビデオクリップがあり、ベティ・ジョセフやハンナ・シーガルといった今は亡くなられている英国の精神分析の重鎮が精神分析に関心のある若い世代への遺言のようなメッセージを伝えている。彼女たちが口をそろえて強調しているのは、精神分析実践にとって大切なのは献身（devotion）と情熱（passion）であるということである。私は、精神分析臨床への献身と情熱にとって、臨床の面白さを知っていくことが決定的に大切であり、臨床の面白さを知っていくためには、何をどのようにみていくのか、どのように考えていくのか訓練していくことが必須であると思う。

ここまで、精神分析臨床を実践することを中心にタビストックでの学びについて書いてきた。精神分析は実践であり、実際にプレイしないことにはそれがなんであるか知りえないと書いた。精神分析実践をするということは、先に書いたように、自分自身が分析を受けるということ、自分自身が誰かに深く知られ考えられるという経験なしに、そしてその経験に魅了されることなしに、誰かを深く知り考える実践に魅了されることはないと言ってよいかもしれない。自分が自分の思っている者とは異なる何者かであること、そしてそれが確かに〈ありのまま〉であることを誰かに知らされること、その誰かが自分では考えられないことを考えられることを認めること、そしてその経験を憎み嫌っていることを自覚するとともに、それを必要とし魅了されていることを自覚していくこと、この状況自体が人間的条件の本質（つまりエディプス状況）を開示しているように思えること、こうしたすべてが精神分析経験を美しいものであると感じさせるのである。

以上のような被分析経験を通じて、特に、自分自身の中にある反内省的傾向と自己愛的万能感傾向に支えられていた自我肥大した自己イメージが維持できなくなるという、謙虚にさせられる経験を乗り切ることを通じて、私は、自分自身や人の心について考えていく臨床実践のやりがいと面白さを実感し、こうした実践を継続していく基盤を得たように思う。自己愛的万能感を一定程度放棄できたことで、どのようなものであれ権威に頼ろうという気持ちは大きく減じたし、頼るのは、自分の心の中にある内的対象、特に分析バージョンの内的対象のみであると心から思うようになった。なぜなら、万能感に支えられている超自我的存在が中身のない権威や道徳的優越性や見せかけの安全感を与えてくれるのと異なり、よい内的対象、あるいはメルツァー（Meltzer, 1973）のいう結合対象は、私の心に豊かさと創造性を与えてくれるという実質的な働きをしていると実感しているからである。

私のロンドンでの学びを一言で表現すれば、タビストック・クリニックで出会った教師にインスパイアされたということだと思う。

2　タビストック・モデルの「哲学」

さて以上のようなタビストック・クリニックの乳児観察コースと児童青年心理療法コースの基盤は、乳児観察法を創案したエスター・ビックによってその礎を築かれた。しかし、しばらくはどちらかというと細々と子どもの精神分析臨床家を育てていたにすぎなかった訓練機関をさまざまな子どもと青年の臨床家が精神分析を学びに来る、今日の姿に変容させたのはビックの跡を継いだマーサ・ハリスであった。

ここで精神分析の歴史についてかなり大雑把であるが振り返ってみよう。精神分析は当初創始者のフロイトがウィーンにいたこともあって主にウィーン、そしてベルリンなど大陸ヨーロッパを中心に発展してきた。クラインがロンドンに移住することで、こうした大陸の精神分析の流れとは異なる、英国学派と呼ばれる流れが起こって来てはいたが、精神分析の主流は間違いなくヨーロッパ大陸、特にドイツ語圏諸国であったとよいだろう。そのような事情を根源的に変えてしまったのが第二次世界大戦であり、ナチスによるユダヤ人の迫害であった。こうしてほとんどのヨーロッパ大陸の精神分析家は英国かアメリカへの移住を余儀なくされ、精神分析の主流は突如アメリカと英国になっていったのである。このうち、アメリカでは精神分析は主に精神医学の主流の中に取り入れられていき、医師でないと精神分析者の資格はとれないという時代が長く続いた。また、精神分析は一種のステータスシンボルになり、精神分析を受けるのは富裕層の象徴のようなイメージにもなっていた時期がしばらく続いた。これとは対照的な発展を遂げたのが英国での精神分析の展開であったと考えられる。すでに英国学派の中核を占めていたクライン自身非医師であったわけであるし、またアナ・フロイトもそうであるように英国の精神分析では精神分析家は医師でなければならないという方針はとらなかった。実はこの考えはすでに、フロイトが「素人分析の問題」(Freud, 1926) で論じていたことであった。フロイトは、精神分析は一体何をするものであるかということを明確にし、その上でこうした実践をするうえで医学教育はほぼ何の関係もないと明言している。英国における精神分析の展開はフロイトのこの考えを基盤にしたものであり、医学教育を受けていない精神分析家が広く活躍するようになっていったのである。

フロイトの「素人分析の問題」論文は、精神分析実践の本質を明確にすることでそれを実践するために必要なことを示していき、その過程で、たとえば社会的な信頼やステータスを得やすくするために医師である必要があるといった議論は退けていったように思われる。こうしたフロイトの精神分析に対する姿勢を継承発展していったのが、タビストックにおいてマーサ・ハリスが訓練課程を構築維持する中で行ってきた実践ではないかと私は理解している。その実践の中で、ハリスは、タビストック・モデルと呼ぶべき精神分析の大変重要なモデルを作り出していったのである。私が学んだのは、タビストック・モデルの精神分析であった。

タビストック・クリニックの精神分析的心理療法訓練に関するハリスの考えの詳細は彼女の一連の論文（Harris, 1976; 1977）で論じられているのでそちらに譲るとして、ここでは私が理解する限り、彼女のタビストック・モデルにおいて中核をなしているように思われる二点を指摘しておきたい。一つは、精神分析は社会の中の特権階級だけが享受するようなものであってはならないということである。精神分析は広く社会の中で、経済的に恵まれない人も含むような多くの人に役立つものでありうるし、そうすることで精神分析そのものも豊かになれる互恵的関係が生じると考えていたように見える。この考えを具現化するために、彼女は、無料で医療を提供する国営医療サービス（NHS）の中で働く専門職としての精神分析的な児童青年心理療法の普及を目指し、その訓練機関としてのタビストック・クリニックでの訓練育成に精力を注いだのだと思われる。ハリスは、精神分析の本質は、内省と観察であり、こうした臨床実践を援助職の中に根付かせていくことは、「思いやりのある社会（caring society）」という理念を目指す上で極めて重要な役割を果たすと考えていたのではないかと、私は推測している。こうした社会の実現を目指すという文脈で、逆に精神分析自体がより豊かになっていくとハリスは思い描いていたのかもしれない。

このようにハリスは、精神分析実践の核を、先に述べたような〈参与観察を通じて対象となる人と人との関係性を詳細に観察し、それを自分なりに把握して記録し、そして記録されたことについてそこで何が起こっているか熟考すること〉という乳児観察実践によって培われるものに据え、それはワークディスカッションという形で広く心理臨床全般に応用可能なものであるという、広い視野そして深い含みを持った精神分析のビジョンを示したのであった。

このハリスのタビストック・モデルは、フロイトの仕事を継承発展させたものであり、クラインとビオンに大きく依拠しつつも、これまで誰もなしえなかった形で、精神分析が社会全体に持つ含み、そしてその「人間的活動」（Meltzer, 1967）としてのポテンシャルを明示しているように思われる。そのタビストック・モデルの中核を成す訓練の「哲学」については、ハリスの夫であったメルツァーが彼女が亡くなった時に書いた追悼文に最も端的に表現されているように思われる。以下に、その「マーサ・ハリスとタビストック・コース」と題する文章の中核部分を抜粋する。

The central conviction, later hallowed in Bion's concept of "learning from experience", was that the kind of learning which transformed a person into a professional worker had to be rooted in the intimate relationships with inspired teachers, living and dead, present and in books. (Meltzer, 1988a: pp. 345–6)
［拙訳］（訓練コースの）中心となる信念はのちに「経験から学ぶこと」というビオンの概念というかたちで掲げられるのですが、一人の人が本当の専門家へと変容していくことを成し遂げることのできるような類の学びは、inspireされた教師との親密な関係の中に根付く必要があるというものでした。そのような教師は、生きている人である場合もあれば、すでに死んだ人である場合もあるし、また現に会うことのできる人であるかもしれないし、本の中でだけ会うことのできる人であるかもしれないのです。

つまり、メルツァーが指摘しているのは、ハリスは、ビオンの言う「経験から学ぶこと」を通じて、人は本物の専門家になっていくという信念を持っているということ、そしてそのような学びは、inspireされた教師との親密な関係の中に根付いている必要があると考えていたということである。このinspired teachersという表現はやや聞きなれない印象がある。通常、inspiring teacherと表現するところを、メルツァーはわざわざinspiredと受身形にしているのである。つまり、教師自体がinspireされている必要があると示唆しているのである。inspiring teacherだと、inspireするのは他ならない教師本人ということであるが、inspired teacher の場合、教師はまた別の誰かにinspireされていることになる。これは多くの問いを引き起こす。その誰かとは、教師の教師だろうか？　教師の教師もinspireされたとしたら、それは教師の教師の教師によって、ということになる。それとも、inspireするのは、教師の内側にいる誰かなのだろうか？

inspireという言葉そのものに注目してみれば、それは「霊感のようなものを吹き込む」という意味である。心全体を生き生きとさせ、そして何かに魅了されるような心の状態に変容させる、そうした「何か」を心の中に吹き込まれる、それがinspireされる経験である。「神の啓示によって導かれる」という訳もある。こうしてみるとinspireするものは、内なる「神」である、内的対象と言えるのではないだろうか？　あるいは音楽家や詩人がインスピレーションの源として、「音楽の神」や「詩の神」を語るように、精神分析臨床家は、「精神分析の神」を語るのだろうか？　精神分析的内的対象というものが存在すると言えるのだろうか？

inspired teachersという表現は、このような多くの答えのない問を引き起こすものの、はっきりしているのは、教師は自分が誰かをinspireしようとしてinspireするのではなく、自分自身が誰か（何か？）によってinspireされていることを通じて結果的に誰かをinspireすることが可能になるということであろう。そしてinspireされた教師との「親密な関係」を通じて、自分自身の心の中に潜在している「内なる神」と接触を持てるようになるということなのかもしれない。

このような教師は、メルツァーによれば、生きている場合もあるが、死んでいる場合も、本の中でしか会えない場合もある。ここに、精神分析の学びの中でやはり文献を読むことの重要性が明確にされているわけである。しかし、注意を払わなければならないのは、「親密な関係」という部分である。

メルツァー（Meltzer, 1983）によれば、仕事上の関係や表面的な関係と異なり、「親密な関係」は情念（passion）をそこに注ぎ込むような関係を指す。情念とは、その相手を強く愛すると同時に憎み、そしてもっともっと知りたいと感じること、つまりビオン（Bion, 1962）のいうL（愛情）、H（憎悪）、K（知りたいという気持ち）の入り混じった気持ちを指す（Meltzer, 1988b）。つまり、inspire された教師に対して、強い愛情を持つと同時に憎しみを持ち、そしてもっと知りたいと感じる、そうした関係を持つことが本当の学びが生じる前提なのだというわけである。ここで、憎悪を詳しく見ていけば、そこには、その相手に対する羨望や嫉妬、疑惑や嘲笑、軽蔑と冷笑などの気持ちが含まれうる。こうした憎しみに起源をもつ情動は、精神分析の志向するような「意味」や「価値」を嘲笑したり軽蔑したりする世俗主義という形をとるかもしれない。一人の人間の心の中に、こうした傾向と同時に、賞賛、魅了、愛情の気持ちを持つ状態が「親密な関係」の内実と言ってよいだろう。

こうした親密な関係を育んでいくには、教師との間に、うわべの追従やリップサービスではなく、称賛や愛情だけでなく、あらゆる疑惑や批判、軽蔑や嘲笑、憎しみをオープンにしていけるような関係性を維持できる必要があろう。こうした誠実な関係をもてるようになる基盤はやはり、自分自身が分析を受けることのように思う。

このような「親密な関係」を通じて学ぶ必要のあるのは、文献を通してしか触れ合うことのできない「inspire された教師」についても同様である点に注意を払いたい。私にとって、それは次のセクションで取り上げてくように、フロイト、クライン、ビオン、タスティンと言ったごく少数の精神分析家である。こうした「教師」の文章を読むときは、頭を使う以上に、自分自身の心を開いて、著者と対話しながら、愛情と憎しみと好奇心をフルに活動させ、自分自身の情念をそこに注ぎ込む中でしか、本当に何かをつかむことはないとメルツァーは示唆しているのである。

こうした学びが成し遂げることが、「本当の専門家への変容」である。ここで原語は、professional worker という言葉が用いられていることに留意したい。精神分析臨床家になるということは、資格やステータスを誇示することとは無縁であり、何よりも、worker になるということなのである。ハリスは、work そのものではなく、ステータスを誇示し、そこに安住するような、エリート主義に警戒する必要があると述べており、そうしたエリート主義を排した訓練システムや訓練機関の雰囲気がとても大切であることを強調している。私たちの中にある、内省の仕事に伴うhard workを嫌い敵対する部分、自己愛的で万能感に満ちた部分は、常に「ステータス」を求め続ける。そうした誘惑に抗し続け、hard workを続けるのがprofessional workerであるが、それはinspireされ、精神分析実践に情熱を傾け献身的にhard workしている「教師」と「親密な関係」を持つことで初めて可能になるというわけである。

こうした「哲学」に基づいた訓練こそ、心理臨床家として自立していく基礎を培うことができると思われる。

四、おわりに

心理臨床にはさまざまな学派やアプローチが存在する。精神分析もその一つに過ぎない。本章で私は、心理技術労働者とは異なる、professional workerとして自立する上で精神分析は大変豊かで確かな土台を提供していることを、個人的経験を踏まえつつ、示そうと努めた。

professional workerとは、自分自身の専門領域、すなわち心理臨床の領域において、クライエントに役に立つべく最善を尽くし、臨床判断や最終的責任を自分自身以外の誰にも頼ることなく引き受けることができる人を指す。そうした意味で、開業臨床家こそ、心理臨床におけるprofessional workerの範型であると私は主張してきた。精神分析の観点から言えば、そうした心理臨床のworkerであるということは、疑惑や憎しみ、無力感や不毛感などに抗って、内省と観察というhard workを継続することができることを意味する。そのようなworkに情熱を傾け、献身できるためには、そうした仕事にinspireされたhard workerである教師との親密な関係における学びが不可欠なのである。そして、長い専門家人生を通じてそのようなhard workを続けることができて初めて、「眠れる美女（lying dormant, awaiting discovery）」（Sanders, 2001）である精神分析はその姿を少しずつ現し始め、その深みを知ることが可能になるのかもしれない。

文献

Bion, W.（1962）Learning from Experience. Heinemann. 福本修訳「経験から学ぶこと」『精神分析の方法Ⅰ』所収、法政大学出版局、一九九九

Freud, S.（1912）Reccomendations to Physicians Practising Psyho-Analysis. Standard Edition, 12. Hogarth Press.

Freud, S.（1913）On Beginning the Treatment, Standard Edition, 12. Hogartth Press.

Freud, S.（1926）The Question of Lay Analysis: Conversation with an Impartial Person, Standard Edition, 20. Hogarth Press.

Freud, S.（1933）New Introductory Lectures on Psycho-Analysis, Standard Edition, 22. Hogarth Press.

Harris, M.（1976）The contribution of observation of mother-infant interaction and development to the equipment of a psychoanalytic psychotherapist. IN Williams, M. H.（ed.）The Tavistock Model. Karnac.

Harris, M.（1977）The Tavistock training and philosophy. IN Williams, M. H.（ed.）The Tavistock Model. Karnac.

平井正三（二〇〇九）『子どもの精神分析的心理療法の経験――タビストックの訓練』金剛出版

平井正三（二〇一三）「ポスト・クライン派精神分析と神なき『神学』」ケネス・サンダース著、中川慎一郎監訳、賀来博光他訳『ポスト・クライン派の精神分析』所収、みすず書房

Isaacs, S.（1948）On the nature and function of phantasy. International Journal of Psycho-Analysis, 29, pp.73-97. 一木仁美訳「空想の性質と機能」松木邦裕監訳『対象関係論の基礎――クライニアン・クラシックス』所収、新曜社、二〇〇三

Meltzer, D.（1967）The Psycho-analytical Process. Clunie Press. 松木邦裕監訳、飛谷渉訳『精神分析過程』金剛出版、二〇一〇

Meltzer, D.（1973）Sexual States of Mind. Cluie Press. 松木邦裕監訳、古賀靖彦訳『こころの性愛状態』金剛出版、二〇一二

Meltzer, D.（1983）Dream-Life: a Re-Examination of the Psycho-Analytical Theory and Technique. Clunie Press. Perth. 福本修、新宮一成、平井正三訳『夢生活――精神分析理論と技法の再検討』金剛出版、二〇〇四

Meltzer, D.（1988a）Martha Harris and the Tavistock Course. IN Williams, M. H.（ed.）The Tavistock Model. Karnac.

Meltzer, D.（1988b）The Apprehension of Beauty: the Role of Aesthetic Conflict in Development, Art and Violence. Clunie Press.

Sanders, K.（2001）Post-Kleinian Psychoanalysis: The Biella Seminars. Karnac Books. 中川慎一郎監訳、賀来博光他訳『ポスト・クライン派の精神分析』みすず書房、二〇一三

鵜飼奈津子（二〇一〇）『子どもの精神分析的心理療法の基本』誠信書房

パート1　精神分析を学ぶこと

精神分析セッションについて私がここまで語ってきたことは［記憶なく、欲望なく、理解なく］、精神分析の著作を読む経験に当てはまると私は考える。フロイトの論文は読んで――「忘れる」べきである。このようにして初めて、次に読んだときに更なる発達が触発され進展しうる状態の準備ができるのである。最良の論文しか、こうした読み方ができる時間はない。しかし、最良の論文だけが、論文そのものを経験する代わりに（論文に書かれていることに対して）防衛的に読むことを触発する力を持っているのである。――つまり、私が別の著作［『変形』］で、Oの下での変形と対比される、Kの下での変形と呼んだもの［論文そのものを経験するのではなく、論文の内容を知識として習得することによる学び］を触発するのである。同じことが、ここまで言及してきたメラニー・クラインの著作にも当てはまる。［Bion,1967: pp. 155–6 拙訳：Bion, W.(1967) Second Thoughts: Selected Papers on Psycho-Analysis. Heineman. 松木邦裕監訳・中川慎一郎訳（二〇〇七）『再考：精神病の精神分析』金剛出版］

私は、フロイトに始まる精神分析の中でもクライン―ビオンという特定の流れを中心に学んできた。そうした私自身の学びは、もちろん個人分析やスーパービジョン、そして実際の子どもとの出会いの中で、少しずつ培ってきたものと言える。しかし前章で述べたように、精神分析の学びにおいては、こうした「現に会うことのできる」教師との親密な関係だけでなく、「すでに死ん」でおり、「本の中だけ会える」教師、つまり偉大な先人の原著と格闘することで学ぶ面も大きい。精神分析の学びは、原著とのこうした個人的な格闘抜きには語れないし、それは臨床場面での子どもや大人との出会いの経験に匹敵する〈出会い〉の経験なのである。

第3章　フロイトとその現代的意義

一、はじめに――なぜフロイトなのか?

精神分析と言えば、フロイトを自動的に持ち出し礼賛する姿勢に対して反発する人もたくさんいるだろうし、そうした批判にも一片の真実があるかもしれないとも思う。精神分析はフロイトが創始したものであるが、フロイトの専売特許で、彼の言っていることがすべてであるという姿勢はもちろん論外であろう。またたとえば科学の分野全般を考えれば、古典力学を学ぶのにニュートンの『プリンピキア・マテマティカ』を読む必要があったり、進化論を学ぶのにダーウィンの『種の起源』を読む必要があったりはしないだろう。しかし、精神分析の学徒が、フロイトの、たとえば『夢判断』や技法論文を読まないのは問題だと私は考える。

二、精神分析の特性――芸術‐科学

こうした考えは、もちろん私以外の多くの人が述べてきていることであり、精神分析を学ぶ人はそれぞれこうした考えが本当に妥当なのか判断する必要がある。私は妥当だと考える。しかし、それはなぜそうなのだろうか。

私は精神分析の営みの基盤には科学的側面があると考える。なぜなら、仮説を立て、実際に起こっていることの観察によってその妥当性を検証することを通じて、知識を蓄積していくという基本構造を精神分析は志向しているからである。精神分析コミュニティにおいては、常に言説は最終的には、実際の精神分析のセッションもしくはその他の対人状況における観察によってその妥当性が検証されなければならないと私は考える。そうした意味で、精神分析は、実証科学の伝統を引き継いでいると言ってよいだろう。

もし精神分析が科学を志向するならば、それを学ぶ者は、なにもフロイトを読む必要がないのではないかと思えてくる。たとえばニュートンの著作とその後の物理学の進歩を踏まえて古典力学の教科書が作られているように、フロイトとその後の分析家の理論や技法から、精神分析の古典理論と技法の教科書が作られてもよいだろうし、実際そうした試みはあり、恐らく読者の中にもそうしたものでしか精神分析を学んだことがない人もいるかもしれない。

私は、こうした形で精神分析のエッセンスを学ぶことはできないと考える。ニュートン力学の本質は数行の数式で表現されるかもしれないが、こうした精神分析の教科書に書かれている文字はいくら読んでもそこから精神分析のエッセンスを読み取ることはできないと思う。それは『戦争と平和』のダイジェスト版を読んでも、あるいは『ゲルニカ』のレプリカを見ても、それらの作品のエッセンスを感得することは難しいのと同じように思える。

今、私が芸術との比較を用いたのは偶然ではない。おそらくこうした点でも、精神分析は科学であるとともに、芸術とも重なり合う部分があることは確かであると私は思う。私がここで芸術と呼んでいるのは、人間存在の真実のさまざまな側面をつかみ取り、それを表現しようとする試みのことを指している。精神分析は人間存在、人間の心の真実をつかみ取り、把握しようとする営みの一つであり、そうした意味で芸術と重なり合うのではないかと私は考える。科学の基礎は観察もしくは観測であるが、最も理想的な観察は、観察される対象と同類のものを観察に用いる観察である。こうした意味で、一人の人を観察するのは個人の心なのである。そして、そこで観察されたものを表現するのに、私たちは言葉を用いないといけないのであるが、ビオンが指摘するように、私たち人類の用いている言葉は物理的現実を表現するために発達してきたものであり、心を表現するのに十分ではないのである。

芸術と重なり合うもう一つの点は、私の理解するところでは、芸術家であるということがそれまでの芸術史を踏まえる必要があるのと同じように、精神分析を学ぶということは精神分析の歴史を学ぶ必要があるという点であろう。人間の心を知るということは、何をというのと同じくらいにどのようにという点が決定的に大切なように思う。ビオンが、精神分析はフロイトが考え出したものではなく、発見されたのであると言うとき、精神分析そのものは知ることのできない何かであり、知っていこうという過程そのものが精神分析について知るべき本質的なものを含んでいることも示唆しているのではないだろうか？　これは、精神分析を学ぶということは、ある意味精神分析の発見の歴史を自分自身辿っていく側面があるということとつながる認識だと思う。

三、精神分析の方法――自由連想法と対話

このように精神分析は科学と芸術の二つ領域にまたがる芸術‐科学（Meltzer, 1983）と位置付けられるゆえに、「創始者」であるフロイトに常に立ち戻る意義は大きいと考えられる。とはいうものの、フロイトの著作群は膨大なものである。それをすべて読まなければならないのかどうか私にはわからない。私は冒頭でフロイトの著作群の中で特に技法論文に言及した。それは、なによりも精神分析は方法であると私は考えるからであり、フロイトの技法論文は、そうした意味で決定的に重要であると思うからである。

たとえば一九一三年の「治療の開始について」という論文の中で、精神分析の根本原則としての自由連想法を

次のようにクライエントに伝えると書いている。

「……ここではあなたは、ある一点で普通の会話とは異なった話し方をしていただく必要があります。普通は自分の話すことに筋道が立つようにして、話している中で起こってくる他の考えやどうでもいいことは、話しがそれないようにどこかにやっておくようにします。しかしここでは違ったやり方をとってください。話をしている間にいろんなことが心の中に浮かんでくると思います。そうした考えをそれが駄目なものだとかいけないものだとか思って黙っておきたくなるかもしれませんが、……そうしてはいけません。関係がないから話さないというのではなく、話していただく必要があるのです。いや、話すのが嫌なことこそ話していただく必要があるのです。……ですから、何でも心に浮かぶことを話してください。たとえば、列車の窓際に座っている旅人だとご自分のことを思っていただき、列車の中にいる人に、あなたが外側に見ている移り変わる景色を伝えるようなものだと思ってください。最後に、あなたは私に一〇〇パーセント正直であると約束していただき、何らかの理由でそれがあなたにとって話すのが不快であるからといって話さないことがないようにしていただきたいと思います。」（Freud, 1913, p. 134–135: S.E. より拙訳）

この自由連想法に関するフロイトの有名な一節は、クライエントが、自分の心の中をあるがままに見つめていくことを奨励するものであることにまず注目することができるだろう。別の言い方で言えば、これは自分自身を内省すること、振り返ることを提示しているとも言える。ここで注意を払いたいのは、内省すること、すなわち自分自身の心のありのままを見ていく際に、「筋」に囚われないこと、またそんな考えはいけないとか、関係ないとか、だめだとか、見ないでおこうとか黙っておこうといった動きに抗う必要があることをフロイトが強調している点である。これは、フロイトの言葉の最後に述べられた「正直さ」ともつながるが、人は自分自身の心の現実を見る際に、辻褄の合うように言い繕ったり、不快なことはなかったことにしがちであるという基本的な現実に注意を促していると言える。

自由連想法という精神分析の根本原則を明確にし、それを実践しようと努めることで明瞭に見えて来ることは、それが基本的に困難なことであった。人は自分自身に正直でありうるかというと、実はそのことを根本的に困難にする側面が人間にはあり、自己内省は、自己欺瞞への圧力を常に受けて歪められているという現実に直面するのである。フロイトはこの現象を抵抗として概念化したわけであるが、これはまた分析の関係性の問題としてみることができる。それは、すでに先のフロイトの言葉のなかで、列車の窓際に座っているクライエントは、中にいる分析者に外側で起こっていることを正直に伝えると約束する、という記述があることにも含意されている。精神分析の自由連想法は、自己内省の方法であるとともに、誠実な対話でもあることをフロイトは示唆しているわけであるが、自己内省の困難さは、まさしく誠実な対話の困難さに、そして分析関係の困難さに移行する、すなわち転移することをフロイトは見出したと言えるだろう。

四、治療文化への貢献——治療者の自己内省、誠実さ、謙虚さ

フロイトはこのように、自己内省の問題は、聴き手との関係性の問題でもあることを示唆したわけであるが、それでは精神分析における聴き手はどのようにクライエントの連想を聞くのであろうか。この答えは、一九一二年の「精神分析を実践する医師への助言」と題する技法論文の中で次のように述べられている。

ここまで私が述べてきた、分析者が守るべきさまざまな分析治療上の原則が何を目的にしたものか見てとるのは簡単

であろう。それは、患者に提示した「精神分析の根本原則」に相当するものを分析者の中に作り出すためなのである。患者が自己観察で得られたものをすべて話し、論理的におかしいとか情緒的に不快だからといって話の中身を選択してしまわないようにするのとまさしく同じように、分析者は、患者が話したことすべてを、解釈のために用いるように努めること、すなわち隠された無意識的な内容を明らかにするために用いるように努め、患者が取捨選択する代わりに分析者自身が検閲してしまわないようにしなければならない。それは次のように言い表すことできよう。分析者は、患者から伝わってくる無意識に対して、受容器のように自分自身の無意識を差し向けなければならない。分析者は、電話の受話器が電話の向こう側から伝達されてくる声を受け入れるように調整されているように、自分自身を患者に向けて調整していかなければならない。電話の受話器が、音波から変換されて電話線を伝わっていく電波を再び音波に変えていくように、分析者の無意識は、分析者に伝達された無意識の派生物から、患者の自由連想を決定している無意識を再構成することができるのである。(Freud,1912, pp. 115–116: S.E. より拙訳)

ここでフロイトは、分析者の無意識こそ、分析者が分析実践をする際の道具であることを明言しているわけであるが、それは別の言い方で言えば、分析者自身が自己内省の困難と取り組み、誠実な対話の困難に取り組むということを意味している。つまり、分析者自身が精神分析を受ける経験が必須なのである。それは、またこうした試みの難しさを分析者自身が思い知るということでもあり、分析者自身の謙虚さとつながるところがあると思う。

このように、フロイトの技法論文を通じて、精神分析が治療文化に示唆しているのは、治療者自身の自己内省と誠実な対話姿勢、そして謙虚さに基づいた治療であることが見えてくる。これこそが、現代の私たち治療実践に関わる者が、フロイトから学ぶことのできる多くのものの一つだと私は考える。

五、人間的条件への洞察——エディプス・コンプレックス

私が関心を持って読んでいるフロイトの著作群のもう一つのグループに、宗教や文化社会に関するものがある。これらの著作群が大変興味深いのは、私にはフロイトがこうした著作群の中で価値の問題を扱っているように見えるからである。私たちは、互いに何が価値あるかについて一定共有することで共同体を形成している。私たちは、自分を日本人と見なしているとき、自分が「日本」という共同体に属していると考えているわけであり、そうした意味で一定の価値を共有していることが前提にされている。

こうした価値の問題に目を向けるときに、私たちは、宗教の問題に行きあたる。フロイトが生きていた一九世紀後半から二〇世紀前半のヨーロッパ社会において、価値の問題は特にキリスト教の問題と切り離せないものがあったとみてよいであろう。キリスト教は、ヨーロッパ社会において道徳や規範の中核をなす存在であったわけである。フロイトは、こうした神概念を中核に据えて生きるあり方そのものを問う。彼は、人間は乳幼児期に自分自身の無力感や依存欲求から親を全知全能の力を持つと感じるように、現実に対する自分自身の無力や寄る辺なさに耐えられず、超越的な存在としての神概念という錯覚にすがりつくのであると論じている。一九二七年の「ある錯覚の未来」でこのような議論を展開した後、フロイトは次のように書いている。

本書を刊行することが誰かの不利益になることがあるとすれば、それは私自身を措いてほかにない。浅薄だ、頑固だ、理想的精神や人類最高の案件に対する理解が欠けているといった、およそ可愛げのない非難が浴びせられることだろう。しかし、私にはこの種の弾劾など何ら新しいものではないのに加えて、すでに若いうちから同時代の人々の不興の声など超然と聞き流すようになった者としては、老境にあって間もなくどんな毀誉褒貶も聞こえなくなるのが確かな以上、今さら非難の声を恐れるまでもあるまい。以前の時代なら違った。昔は、このようなことを口にしたため

に地上の生が短縮されるのは間違いなく、あの世の生を自ら経験する機会にも一足先に恵まれたものであった。だが、あえて繰り返すがそのような時代はすでに終わっており、このような文書をしたためても著者に危険が及ぶこともない。せいぜいその著者の本がいくつかの国で翻訳や普及が許されないというだけだ。当然、その種のことが起こるのは、自国の文化の水準が高いのを誇っているような国である。（フロイト全集二〇巻、p. 40）

フロイトは、キリスト教の信仰、すなわち神の子を人間が殺したというテーマには、人間の先史時代に実際に起こった出来事、すなわち原始的な部族集団の中で、力をほしいままにして女性を独占していた父を、兄弟たちが力を合わせて殺害した後に、その罪に対する罪悪感からその父を崇めることを始めたというエピソードの残響が含まれていると主張する。人類はこのようにして、共通の規範の基盤を超越的な父なる神に求めるようになり、それによって平和で繁栄しうる共同体が可能になったと彼は論じている。そして、そのような人類史を、実は人間がそれぞれの情緒発達の歴史の中で繰り返すということを、彼は個人の精神分析実践から発見したと考えた。それが、エディプス・コンプレックス概念に結実する彼の洞察である。

フロイトは、このようにエディプス・コンプレックスの父親殺しと去勢不安の側面を強調した。しかし、フロイト以降の精神分析、特にクラインからビオンへの流れが明らかにしていったように、これは人間が自分自身を知ることと、それに伴う心の痛みの問題をめぐる基本的な人間的条件への洞察と捉えることが実り多いと私は考える。このことは、実は今引用したフロイトの言葉にも表現されている。人間には、自分自身を知ること、すなわち内省していきたいと思う部分があると同時に、内省にはときに破局にいたるような痛みを伴うため、知ることに大変敵対的な部分があることも確かなのである。

こうした洞察は、今なお現代の私たち治療に関わる専門家に示唆する部分が大きいだけでなく、文化社会の論考に示唆するものも大きいと私は考える。フロイトの言葉の後半の部分は、自国文化を狂信的に誇るナチスによって実際にフロイトの著作が燃やされるという形で実現された。現代社会においては、実際に本が燃やされることはないかもしれないが、同じように、不快な思想や考えが抹消されることは、依然として、不断に起こっているのでないだろうか？　そしてその中には、精神分析、そしてフロイトに対する敵視というものも含められるように私は思う。

文献

Bion, W. R.（1970）Attention and Interpretation. Tavistock. 福本修、平井正三訳「注意と解釈」『精神分析の方法Ⅱ』所収、法政大学出版局、二〇〇二

Freud, S.（1912）Reccomendations to Physicians Practising Psyho-Analysis. Standard Edition, 12. Hogarth Press.

Freud, S.（1913）On Beginning the Treatment. Standard Edition, 12. Hogartth Press.

Freud, S.（1927）The Future of an Illusion. Standard Edition, 21. Hogarth Press.『フロイト全集 第二〇巻』岩波書店

Meltzer, D.（1983）Dream-Life: A Re-examination of the Psycho-Analytical Theory and Technique. Clunie Press. 福本修、新宮一成、平井正三訳『夢生活――精神分析理論と技法の再検討』金剛出版、二〇〇四

第4章　子どもの精神分析と「小さき者」に向き合うこと
——クラインの軌跡を追って

一、はじめに——今日の心理臨床の現状とクラインのインスピレーション

精神分析家のビオンは、晩年、イタリアでのセミナーでの中で、人間の苦しみに対して次々と「最新」の治癒方法が持ち出されてくるさまについて根本的な疑義を呈している。何からの治癒を私たちは求めているのだろうか、治癒されてどうなるのだろうか、こうビオンは問いかけている。

最近のアメリカ合衆国での保険制度をめぐる議論は、よく言われるように「マーケット至上主義的資本主義」に支配される文化社会状況の危うさを露呈しているように思われる。たとえば、新生児の死亡率が日本など多くの先進国に比べて格段に高い現状に端的に表れているように、特に貧困層において驚くほど多くの子どもたちが無保険であるという事実に私たちは驚かされる。彼の国において、「貧乏であること」や「子どもであること」は、「効率よくあること」が最優先される中でないがしろにされても仕方ないという状況が出来上がっていると考えざるをえないように思われる。

こうした社会的視点は、私たち心理臨床に携わる者にとって無縁なものに思われがちであるようでいて、深く

影響されていることに気づかされる。精神分析的心理療法に代表されるような、時間をかけてじっくりと話し合うというアプローチは歓迎されず、効率よく苦しみから解放されるという、最新の「認知行動療法」や「○○療法」というものが喧伝される中、私たち心理臨床家もいつの間にか、なるべく早く「持たざる者であること」「小さき者であること」を視野から消し去る術を競い合う羽目に陥っているかもしれないのである。

これと関連して最近耳にした子育てに関するリサーチが思い起こされる。それは、子どもを持つ母親に対してアンケートを実施したもので、その中で興味深かったのは、子育てが困難になる母親の特徴として、すべて自分で何とかしようとすることと自己有能感が強いという二点が挙げられていたことである。逆に言えば、子どもを育てることは、子どもは思った通りにならないこと、自分ひとりで子どもを育てることはできないことを思い知る機会であると言えるだろう。

かつて精神分析文化はアメリカ合衆国を中心に花開いたが、その後に精神分析はやたらとお金と時間のかかる効率の悪い「治療法」として衰退して行っている。私の見たところ、衰退しているのはアナ・フロイトを中心とした自我心理学の流れであり、今日世界的な規模でみると精神分析に新たな生命力を吹き込んでいるのはクラインの着想でありインスピレーションであるように思われる。私はその力の秘密は、「子ども」と正面から取り組んだことであると考える。これが本章で私が論じたいことである。

二、子どもと精神分析的心理療法を始めること――クラインの軌跡を追って

1　子育ての失敗と「逆転満塁ホームラン」としての精神分析との出会い

私は先に子育てに失敗する女性の話をした。二〇代から三〇代にかけてのクラインは、おそらくまさしくそのような女性の一人であったのではないかと思う。彼女は、少女時代の英雄であった兄が遍歴の末、旅先で悲劇的

な死を迎えたのち、大学に進学せずに兄の友人と結婚した。しかし、三人の子どもに恵まれたものの、うつ状態になり、子育ては自分の母親に任せ、治療のために家を留守にすることが多くなっていった。教育、結婚、子育て、およそすべての領域で失敗し、うつ状態であった彼女が出会ったのが精神分析であった。彼女は、ブダペストでフェレンツィから治療分析を受けながら、フロイトの著作に大いに影響されていった。おそらく、彼女は、精神分析こそこれまでの失敗、特に子育ての失敗を帳消しにしてくれる、いわば「逆転満塁ホームラン」のように感じたに違いない。彼女は、フェレンツィの勧めもあって、子どもの臨床に向かう。といっても、最初に行ったのは、自分自身の一番下の息子のエリックの治療教育である。彼女の著作集の第一巻の冒頭を飾る論文「子どもの心的発達」(Klein, 1921) のなかで、彼女は、このエリックへの最初の分析的介入について書いている。エリックは、潜在的には知的であるように見えるのに、言葉の発達は遅く全体的に知的発達が思うように進んでいないように見えることが論文冒頭に挙げられ、それを解決するために知的啓蒙という教育的方法が取られたことが述べられている。すなわち、クラインは、エリックの発する質問に対して、特に性的な事柄に関してできる限り正確な答えを与えるということを実践する。

このような実践を彼女が行ったのは、性的な事柄を隠そうとするような大人の側の動きは、子どもの好奇心を抑制してしまうと考えたからであった。これは初期のフロイトの考えに基づいていたが、好奇心を抑制から解き放つことで、自由な知的活動を促すことが子どもの成長に寄与するという確信が初期のクラインを突き動かしていたようであった。この意味で、精神分析は子どもが社会に対して適応していくのを援助することを目指すのであり、限られた子どもにのみ適応すべきと考えたアナ・フロイトと違って、クラインは、子どもの潜在的な力をフルに発揮できるようにするのが精神分析の目的であり、すべての子どもに精神分析を行うべきである、と考えた。クラインの評伝を書いているペトー (Petot, 1990) は、この時期のクラインは、知的に早熟であった亡くなった兄への思慕や自分自身の挫折した教育などを背景にした、自己愛的な野心を子どもに押し付けようとしていたのではないかと評しているが、妥当な見解であるように思われる。

2　教育から分析へ——空想の発見

さて、エリックの精神分析的教育は一定の成果を収めたかのように見えたが、すぐにその成果は消えていった。エリックの好奇心は以前のように抑制されたものになったうえに、クラインがエリックが知りたいと思われることを「説明」し始めるとエリックは明らかに嫌がる兆候を見せたのであった。そこで、クラインは、自分の考えた「お話」を彼にした。すると、エリックはがぜん興味を示し、次々と「お話」を展開し始めたのである。すなわち遊びを通じて空想を表現し始めたのであった。この「お話」が再び不安によって抑制されつつある兆候を認めると、クラインはその不安を解釈していった。エリックはその解釈には答えないのであるが、再び「お話」が再開され展開されていく様子を観察することができたのである。

以上のようなクラインのエリックへの新しい介入は、精神分析とは十分に言えないものであったが、後の精神分析的遊戯技法に向かう以下の三つの重要な要素を含んでいたように思われる。一つは、意識に訴えるような「教育」的アプローチには限界があるということである。むしろ、無意識を扱うような介入をしなければ子どもの心の変化を促進できないという認識である。二つ目に挙げたいのは、子どもの心の変化は、知的平面で起こるというよりも、空想の展開を通じて起こるということ、空想こそ心の内実であるという認識にクラインは辿りついたということである。そして子どもの遊びは空想の象徴的表現であり、大人の言葉による自由連想と等価なものであるとみなせることに彼女はこれ以降次第に気づいていった。子どもの好奇心を抑制から解放し自由な知的活動ができるようにするというクラインの精神分析における野心は、不安による抑制から子どもの空想活動、そして遊びを解き放つというものに変貌していった。そして、クラインは当初性的欲望とその抑圧という図式で子どもの心の世界を捉えようとしていたが、不安の源泉として次第に攻撃性の問題に行きあたっていった。三つ目に挙げたいのは、解釈の役割は空想そして遊びを展開させること、すなわち抑制から解き放つことであるという点である。その際に、抑制の源泉である不安の解釈が重要であることが、クラインには明瞭に認識されていったように思われる。これと関連して興味深いのは、エリックがクラインの「お話」に触発されて空想を展開させていった点である。私は、これは精神分析における解釈と分析状況の本性を示しているように思われる。すなわち解釈は、分析家の空想であり、分析状況とは分析家とクライエントの空想の交流とみなせるかもしれないのである。別の視点でこの事態を眺めてみると、クラインは子どもの内的世界に接近するために、自分自身の内的世界に接近する必要があることを悟ったと考えることもできるように思われる。これは、分析家は自らの無意識を患者の無意識に対する受容器として用いるという、前章で引用したフロイトの考えにも通じる、精神分析状況に本質的なものであろう。

３　子どもと精神分析を始めること——陰性転移と新しい転移概念

クラインは、自分がフロイトの考えの忠実な信奉者であり、それを子どもとの臨床に応用しているにすぎないと当初は思っていた節がある。しかし、彼女は知らず知らずにフロイトの考えや実践とは大きく異なった方向に踏み出していた。それは彼女が紙に書かれたことよりも、臨床で出会ったことに忠実であったことが一番大きいと私は考える。

一九二一年、三九歳の時にクラインは、夫と離婚し、フェレンツィからも距離を置き、ハンガリーからベルリンに移住する。当時の中央ヨーロッパ社会は第一次世界大戦後の激動の中にある上に、ハンガリーもドイツも同じ言語を話す文化圏であったとはいえ、学歴も資格もないバツイチの子持ちの中年女性がベルリンというドイツ語文化圏の中心の都会に移住してくるというのは大変な決断であったように思う。そのような彼女を突き動かしていたのは、精神分析への情熱であるとともに、アブラハムという傑出した分析家が彼女の才能を認めその仕事を後押ししてくれたことであると思われる。彼女は当時ベルリンに設立されていた精神分析専門のクリニックで臨床をすることができた。そこで、彼女は息子以外の子どもの精神分析を始めることができ、アブラハムの死後ロンドンに移住する四四歳までの五年間に出会った二二人の子どもとの出会いの経験（Frank, 2009）が、その後の彼女の技法的・理論的展開の土台になった。このベルリン時代に、クラインは子どもと精神分析を始め、そしてクライン派として知られる理論と技法の流れの土台が培われたのであった。

さて、クラインがどのように子どもと精神分析を始めていったかという問題に戻ろう。当時、精神分析は、クライエントが心の中にあることを自由に話すこと、そしてそこに現れる無意識の内容を分析家が解釈するという図式によって成り立っていると考えていたし、今も多くの分析家はそう考えている。すなわちクライエントの一定の協力、そして言語表現能力なしに成り立たないとみなされるのである。つまり、カウチに横になって自由連想できなければ、精神分析は成り立たないと考えられていた。また、当時の精神分析の一般的傾向として、クライエントとの間に陽性転移をはぐくむことに注意が向いており、陰性転移は避けるべきであると考えていたようである。陰性転移の重要性に次第に注意が向けられてはいたが、子どもの臨床そのものがまだ始まったばかりであり、子どもとの間に陰性転移が起こること、そしてそれを解釈することの重要性という認識は全くなかったようである。一九五五年、クラインが七三歳の時に書いた「精神分析的遊戯技法」（Klein, 1955）という論文の中で、彼女は、エリックとの経験を通じて、子どもの遊びが大人の自由連想に匹敵すると悟った経過を書くとともに、その後、彼女が陰性転移を解釈することの重要性に気づかされた経験として、夜驚に悩まされるリタという二歳九カ月の女の子との分析の経験を挙げている。リタとの分析は、リタの家で母親と叔母がいる中で行われた。クラインはこう書いている。

第一回目の治療場面は、この私の心配を裏付けるかのように見えた。リタは子ども部屋に私と二人きりにされると、とたんに陰性転移ととれる様子を示した。すなわち、リタは不安げに黙りこくり、すぐに、庭に出よう、と言いだした。私は賛成して一緒に出ていった。ついでに言うなら、これはリタの母親と叔母が私たちの様子を伺う中でのことであり、二人にはことがうまくいっていない印と受け取られたようである。そこで私たちが一〇分か二〇分して、子ども部屋に戻ってきたときに、リタがすっかりうちとけているのをみて、二人はとても驚いたのであった。この変化のわけは、私たちが外に出ている間に、私がリタに陰性転移を解釈したのである。リタの言ったいくつかのことと、外にいるときにリタがそんなに怖がらなかったことから、リタは私と二人きりで部屋にいるときに何かされるのではないかと恐れているに違いないと判断した。(Klein, 1955, p. 124 より拙訳)

そしてクラインは、これを夜驚と結びつけて解釈した。この解釈ののちリタの様子は一変し、部屋に戻れるようになった、とクラインは述べている。

このようなクラインの考えに対して、すでに別のやり方で子どもの分析を始めていたフロイトの娘のアナ・フロイトが厳しく批判した。一九二六年の講義の中で、彼女は、子どもが見知らぬ他人である分析家に対して敵意や不安を見せるのは、母親に対して愛着関係を持つがゆえの当然の反応であり、クラインの言うように、母親へのアンビバレントな感情が転移されたものではないと主張している（Freud.A., 1926）。また、子どもは、まだ転移の源である親と現在進行形の関係を持っているのであり、大人のように過去の親との関係を分析家の間に持ち込むという意味での、転移を展開することができないと明言している（Freud.A., 1926）。アナ・フロイトは、こうした前提に立ち、子どもと精神分析をすることに大変慎重な態度をとり、まず大人と異なり分析への動機のない子どもに、大人との間で成立させるような治療同盟を形成することは期待できないので、分析家への陽性転移を高め、治療への意欲を高めることが必要であると主張した。

アナ・フロイトのこのような主張は、常識的なものであり、日本においても現在でも多くの臨床家が持つ考えのように思われる。これに対して、クラインの考えはどうであろうか？　クラインは、子どもが分析家に示す不安や敵意を陰性転移の表れと理解した。さらに、クラインは、分析的設定を作り上げていけば、子どもは、人形遊びやごっこ遊びという形で、さまざまなキャラクターを分析の場に出現させることを見出し、それらを転移とみなすことができることに気づいた（Klein, 1929）。つまり、子どもは分析的設定の場に、心の中にあるさまざまな人物イメージを投影してくることを見出したのであった。そして、このような投影や転移を受け入れ、解釈していくと、子どもはさらに遊びを展開させていくことに気づいていったのであった。つまり、子どもとの間で、解釈転移とその解釈、そしてさらに新たな転移の展開というサイクル、すなわち精神分析状況が成立することをクラインは、見出したのであった（Hinshelwood, 1994）。

以上のクラインの考えは、フロイトの考えを大きく拡張し、変革するものであった。私はクラインの仕事の最大の特徴は、フロイトの仕事を否定するのではなく、フロイトの仕事では露わにならなかった、精神分析というものが持つ潜在的な力を浮かび上がらせたことにあるように思う。フロイトの描いた精神分析の図式では、精神分析においてクライエントは自由連想法という言語的な方法で自分自身の心を探っていくことに同意し、すなわち治療同盟を形成し、現在の治療関係の中に現れる過去の現実の関係について解釈を通じて洞察することで神経症を克服するというものであった。これに対して、クラインは、精神分析的設定を設ければ、クライエントは自身の内的世界の対象関係を投影、すなわち転移してくるのであり、解釈を中心とした介入を行うことで分析状況を作り出すことができるということであった。私は、フロイト的な図式は精神分析のより現実的側面であるのに対して、クラインの示唆している図式は、精神分析のより本質的側面であると考える。こうした意味で、フロイト的精神分析においては子どもの分析はいわば二級市民であるのに対して、クライン的精神分析においては子どもの分析はまさしく精神分析が最も精神分析らしく現れる領域と言える。

さて、子どもと精神分析を始めるにあたって転移、特に陰性転移を解釈することが決定的に重要だとして、陰性転移を取り上げることは、七三歳のクラインが述べるほど簡単なことだったのであろうか。クラインが子どもと分析を始めたベルリン時代の記録を詳細に吟味したフランク（Frank, 2009）は、リタの分析の記録も詳細に吟味している。それによれば、三〇年後に書かれた記述はかなり不正確であることがわかる。まず、問題となるセッションは初回ではなく、第九回に起こっている。そのセッションでやはりリタは不安を示し遊べなくなる。そこで、クラインは陰性転移の解釈ではなく、「干しブドウちゃん」のお話をしたと記録されている。しかしそれでもリタは不安を示し、外の庭に行きたがりクラインはそれに応じている。庭でリタは石を踏みならすが、これに対してはクラインは敵意の感情を解釈している。リタは、クラインの服のポケットに石を入れようとするが、クラインはそれを止める。リタは石を投げるが、通りがかった男に注意されたと言う。クラインは、これに対して、禁止する父親について解釈している。その後、リタの不安は減少し、部屋に戻っている。

以上のセッションの実際の経過に対して、フランクは、クラインはリタがクラインに悪い母親や父親を見ていることに直面できないでいることを指摘している。つまり、まずクラインは、干しブドウの話をすることで、いい食べ物を供給できるよい母親であることを示そうと、すなわち陽性転移を促そうとしている。石の素材では、禁止する父親は自分ではないという分裂を促進している。どちらの例でもクラインは、陰性転移に正面から向き合うことができないでいる様子が見て取れる。しかし、その後の記録を見ると、確かにクラインは不安を解釈し、次第に陰性転移を取り上げることができていく様子が見てとれる。このような困難の背景には、リタの分析がリタの家で母親が見ている中で行われたことがあるように思われる。リタの母親の前で、よい治療者であることを証明しないといけないというプレッシャーを感じ、悪い対象であることを引き受けることが難しかったと考えられる。こののち、クラインは、転移を扱う分析には、厳密な設定が必要であり、そのような条件をしっかりと作っていかないと分析状況は形成されにくいという考えに至るのである。

このようにリタとの間で陰性転移に向き合うことが難しかったという事実は、分析的設定の重要性という問題だけでなく、子どもと精神分析を始めることをめぐる固有の問題も含まれているように思う。心理臨床、特に子どもの臨床に向かう人の多くは、悪い母親はどこか別のところにいて、自分はよい母親であろうとしがちである。先に述べたように、クラインも、子どもの精神分析を子育ての失敗を帳消しにする「満塁逆転ホームラン」と感じたのではないかと思われる。おそらく、リタとの出会いの中で、クラインは、自分が悪い母親であること、あるいは自分の母親の「悪さ」というものを少しずつ受け入れていく仕事をし始めたのではないかと思う。クラインの著作を読み進めることは、彼女の人としての内的成熟の軌跡を追うことでもある。そのハイライトは、彼女が五八歳の時に書いた抑うつポジションについての論文の中（Klein, 1940）で、長男を事故で失った後の自分自身（論文中では「A夫人」としている）の喪の仕事を扱ったものである。そこでは、長男の死は、兄の死と関係づけられ、そして乳児水準での母親とのアンビバレントな関係とに結び付けられる。それは自分自身の中にある「持たざる者」や「小さき者」と向かい合う経験であるように見える。そうした意味で、クラインが最後に書いた論文（Klein, 1963）が、孤独感とその慰めの問題についてのものであったのは、この類まれな女性の白鳥の歌に真にふさわしいのではなかろうか。

三、おわりに――現代において子どもと精神分析的心理療法を始めること

ここまで私は、子どもと精神分析を始めることで精神分析、そして心理臨床に大きな影響力を持つ仕事を成し遂げた、クラインという一人の歴史上の人物について述べてきた。現代のこの日本の中で子どもと精神分析的心理療法を始める私たちは、クラインが直面したことと全く同じ困難に直面するわけではないかもしれない。しかし、彼女を称賛するにせよ批判するにせよ、子どもの精神分析家としての彼女の軌跡は、後に続く者に、子ども

と精神分析的心理療法を始めることは自らのなかにある「持たざる者」「小さき者」に向き合うことに他ならないことを明瞭に指し示していると言えるだろう。

文　献

Frank. C.（2009）Melanie Klein in Berlin. Routledge.

Freud. A.（1926）Introduction to the Technique of the Analysis of Children. Reprinted as Four Lectures in Child Analysis. In: The Writings of Anna Freud, vol. 1. International Universities Press.

Hinshelwood, R.（1994）Clinical Klein. Free Association, London. 福本修、木部則雄、平井正三訳『クリニカル・クライン』誠信書房、一九九九

Klein, M.（1921）The development of a child. In: Love, Guilt and Reparation and Other Works. The Hogarth Press. 前田重治訳「子どもの心的発達」西園昌久、牛島定信責任編訳『子どもの心的発達』所収、誠信書房、一九八三

Klein, M.（1927）Symposium on child-analysis. In: The Wrtings of Melanie Klein. vo.l. The Hogarth Press. 遠矢尋樹訳「児童分析に関するシンポジウム」西園昌久、牛島定信責任編訳『メラニー・クライン著作集１』所収、誠信書房、一九八三

Klein, M.（1929）Personification in the play of children. In: Love, Guilt and Reparation and Other Works. The Hogarth Press. 安部恒久訳「子どもの遊びにおける人格化」西園昌久、牛島定信責任編訳『子どもの心的発達』所収、誠信書房、一九八三

Klein, M.（1940）Mourning and its relation to manic-depressive states. In: Love, Guilt and Reparation and Other Works. The Hogarth Press. 森山研介訳「喪とその躁うつ状態との関係」西園昌久、牛島定信責任編訳『愛、罪そして償い』所収、誠信書房、一九八三

Klein, M.（1955）The psycho-analytic play technique. In: Envy and Gratitude and other works. The Hogarth Press. 渡辺久子訳「精神分析的遊戯技法」小此木啓吾、岩崎徹也責任編訳『妄想的・分裂的世界』所収、誠信書房、一九八五

Klein, M.（1963）On the sense of loneliness. In: Envy and Gratitude and other works. Hogarth Press. 橋本雅雄訳「孤独感について」小此木啓吾、岩崎徹也責任編訳『羨望と感謝』所収、誠信書房、一九九六

第5章　精神分析と自閉症を持つ子どもとの出会い
——タスティンにみる精神分析の神髄

私が日本の大学院を去り、イギリスのタビストック・クリニックで子どもの精神分析の研修を受け始めた頃、「自閉対象（autistic object）」という、日本では聞きなれない言葉が、セミナーなどでしばしば言及されるのに気づいた。私は、それが健常児の発達や自閉症以外の子どもの心の問題の理解に重要な鍵となっていることに興味をひかれ、それについて語っているというタスティンという人物に強い関心をもつようになった。自閉症との「心理療法」に関して、私は自分自身日本の大学院にいた時からある程度の経験は積んではいた。しかし、当時私が学んだ環境では、自閉症児との心理療法、いや心理療法全般に関して、「母性」「受容」「センス」「深い」といった言葉がやたら飛び交うものの、そのそれぞれが何を意味するのか、分かったような顔はしてみたが、実際には何も分からなかった。そして、そのようなことを感じている自分は偽物であるような気持ちが漠然としていた。分からねば、という気持ちと裏腹に、どのようにして分かるのか、その道筋は皆目見当がつかなかった。ところが、ロンドンに来てみて、タスティンの仕事に触れ、彼女の著作を読み始めて、私は、それまで自分が理解できるなど、それこそ夢にも思わなかった、自閉症児のさまざまな事柄についての理解への道がそこに開かれていることに驚いた。私の驚きは二重であった。自分の探していたものが、「道」であることに始めて気がついたこと、しかもそのような「道」が現にあり、それが記されているということである。それは知的な意味での理解への道ではなく（知的に読もうとすれば彼女の本は意味をなさないであろう）、おそらくは自閉症児がそのように感じているであろう世界に「実際に」接近する「道」がそこには記されているように思われた。そしてその道程そのものが、私の興味と関心を引く、魅力に満ちたものであり、私はまるで宝島か何かの秘密の地図を発見したような興奮を覚えたものである。

タスティンとは何者であろうか？　フランセス・タスティンは、精神分析の流れで言えば、クライン派に位置づけられるであろう。というのは、クライン派精神分析の訓練をタビストック・クリニックで受けたからである。しかし、彼女は教条主義的な母親と自由主義的な父親との間で揺れながら、心はいつも自由主義の父親に向いていった子ども時代のように、常に教条主義的なものに反発し、自由な独立した考えを持とうと努めていくなかで、ウィニコットやマーラーなどの精神分析の別の流れにも接近するようになっていった。彼女は、自分が関心を向けている自閉的な心の状態は、クラインの妄想分裂ポジションという最早期の原始的心性についての理論でもカバーできない、新しい領域であると感じるようになり、新たな理論を構築していった。それは、マーラーの考えとも軌を一にするもので、乳児の心の発達における最初の段階は、「自閉状態」であり、この時期に感覚的な次元で母親と一体であるという体験をする中で乳児は安定した心理基盤を築くようになり、その基盤の上で、乳児は徐々に母親は自分とは異なる存在であるという痛みを伴った気づきが可能になる。これに対して、自閉症児は、「正常な自閉段階」で築かれる一体感を十分体験する前に、母親と自分とは異なる存在であるということ（以下「分離性」と呼ぶ）に気づいてしまったことによる外傷体験をしている。安定した基盤の上で体験する「分離性」は、子どもをさらなる成長に導くものであるのに対して、この外傷的に体験された「分離性」は、「分離性」そのもの（自分でないもの）を締め出すことで自分を守ろうとする動きにつながる。それが自閉症であると、タスティンは考えるようになった。

外傷的に体験される「分離性」に対抗して用いられるのが、「自閉対象」である。自閉対象は、自閉症の子どもが絶えず手に持っているミニカーなどの硬い対象であり、同じようなものであれば別のものでも取替え可能な点が、通常やわらかく取り替え不能である移行対象と異なる。移行対象の本質は、分離性を受け入れていく動きそのものと関わるのに対して、自閉対象は、分離性という「ブラックホール」(タスティンの患者が用いた言葉)を締め出すことで、動かないでいるために用いられる。

タスティンは、このような子どもにとって、母親の体は自分の体の一部のように感じられている、と考えた。特に、乳児の体験の中心となる授乳体験において、その焦点となる口と乳首はどちらも、自分の体の一部と感じられており、乳児はそれに至福を覚える。ところが、突然乳首が自分の一部ではないことに気づかされるとき、すなわち口に、乳首がないと感じられるとき、乳首のあったところは、何もない、真っ黒な「ブラックホール」となる。タスティンは、この「ブラックホール」をウィニコットの言葉を借りて、「精神病的抑うつ」と呼んでいる。自閉対象は、この精神病的抑うつの兆候であるともいえるし、それに蓋をしているともいえる。自閉症児が、この硬い対象を持つことで、自分がいまだに乳首と一体であるという妄想を維持し、この「ブラックホール」の出現から身を守っている、とタスティンは示唆する。

このような子どもへの心理療法において必要とされるのは、子どもが自閉対象などの「殻」を用いて、精神病的抑うつから自分を守っているということを理解することだけではない。セラピストは、「分離性」の気づきに伴う痛みは、自閉症の「殻」によって蓋をすることでは解決にならないこと、それは人との、つまりセラピストとの関わりの中で、セラピストに抱えられ消化されることを通じて真の解決に向かうということを、子どもに毅然と示していく必要があるとタスティンは繰り返し強調している。彼女は、単に受容的であるだけでなく、子どもの心の理解に基づいた、毅然とした態度と、そして場合によっては教育的とも思われる態度をとる必要があると示唆する。

以上が、タスティンの自閉症児の心理の理解と心理療法についての考えであるが、おそらくこれだけでは初めて彼女の考えに触れる人には分からないだろう。関心を少しでも持った人には、彼女の著作を実際に読むことをお勧めする。彼女は、生涯に自閉症に関連する四冊の本を書いている。その中で、自閉症に関する主要著作といえるのが、処女作の〝Autism and Childhood Psychosis（『自閉症と小児精神病』創元社）〟(1972) とここで紹介している〝Autistic States in Children (revised edition)（『子どもの自閉状態（改訂版）』）[1]〟(1992) である。処女作『自閉症と小児精神病』は、彼女自身、「二〇年の間自閉症児の治療に取り組み、また自分自身の情緒生活にある深刻な問題との格闘するなかで自分自身のなかにある恐怖症的抑制の根っこにあるものについて多くを学んだ結果、やむにやまれずに書いた」(Tustin, 1986) というように、荒削りで、多くの誤りを含む本であるが、圧倒的な迫力と人の心を揺り動かす力に満ちた本である。彼女自身、この本を読むことは「火による洗礼 (baptism by fire)」かもしれないと書いている。私の推測では、かなり多くの人は、この本を読む途中で、腹を立てるか、ナンセンスと馬鹿にするかして投げ出すであろう。残りの人の相当数は私と同じように、彼女の描く自閉症の世界に魅了され、さらに彼女の本を読んでみたくなるであろう。実際、『自閉症と小児精神病』への反応の一部は、かなり辛らつなものであり、ある自閉症研究の権威である小児精神科医は、「不思議の国のアリス」をもじって、「クラインの国のタスティン」と揶揄している (Spensley, 1995)。もっとも、私の考えでは、タスティンは、自分自身の国、つまり「タスティンの国」（妄想分裂ポジションよりも原始的な心性の現象学）を「発見した」人として、「クラインの国」（乳児の心性）の発見者のクラインに比せられる存在である。

とにかく、やむにやまれぬものに突き動かされながら処女作を書き、多くの賛辞だけでなく、少なからぬ辛らつな批判にさらされて、彼女はより慎重に発言し、論文を書くようになったように思われる。荒削りの感じは少なくなり、誤りは修正されていった。「正常な自閉期」という言葉は撤回され、代わりに「自己感覚性 (auto-sensuousness)」という言葉が用いられ、さらにほかの精神分析者や発達研究者の仕事とのつながりが強調されるようになった。つまり、おおむねより受け入れやすく、極論が少なくなっていった（そしておそらく、自分をさらすのではなく、少しばかりの「殻」（たとえば、多くの文献の引用）も身に付けるようになった）。その成果が、一九八一年に初めて出版された、〝Autistic States in Children〟である。彼女が本書を自分の主要著作と考えていたことは、その後晩年に彼女が自分の自閉症に関する見解を大幅に変更することになったとき、唯一全面的に書き改めたのが本書であることからも伺える。晩年の大幅な変更とは、自閉症の病因に関する見解に関わる。先に述べたように、彼女は、子どもはみな、最早期には、母親と一体であると感じ、その後に徐々に分離性が認識されると考えた。しかし、これはその後目を見張るような発見をしていった乳児の発達研究に照らし合わせると、成り立たない。乳児発達研究は、人間の乳児は、生まれながら、自分とは異なる人間対象に気づき、しかもそのような対象を求めていることを示している。これは、実は、彼女が一線を画していったクラインの考えでもあった。クラインも、乳児は生まれながら自分とは異なる対象と関係を持っていく、と考えたのである。晩年のタスティンは、自分の誤りを認め、自閉症の病因についての見解を修正した。それによれば、自閉症になる子どもは、発達の最早期から、通常と異なる道筋をたどり、健常児にはみられないような形で、母親と自分は一体であるという妄想様の状態を形成する。しかし、分離性の気づきは、避けがたく起こり、それは外傷的に体験される。それから身を守るために自閉の「殻」が形成されるというわけである。

『子どもの自閉状態（改訂版）』は、以上のようなタスティンの最終見解に基づきながら、自閉症についてさまざまな角度から論じている。それらは、自閉症の心理療法に携わったことのある人、自閉症児のするいろんなことに困惑しながら、一体これはどういうことなのだろうか、彼らの心の世界はどうなっているのだろうか、彼らの視点から理解したいと考えている人にとって、この上もないヒントに満ちている。また、本書を読むことは、自閉状態について、自分とは関係のないことではなく、自分の中にもあるものとして、普遍的な人間の心のあり

（1）"Autistic States in Children (revised edition)" by Frances Tustin. Routledge. 1992

方のひとつの形として、その謎に魅了される体験でもある。

本書に書いてあることを非科学的と一蹴する人もいるであろうし、私自身自閉症一般についての治療法や理論と考えるにはとても十分であるとは思えない。処女作と同じく、本書も、そしておそらくタスティンの最終的な見解も、誤りと欠点だらけといえるであろう（特に彼女の自閉症論は、今日「高機能自閉症」と呼ばれている特定の下位グループを念頭におき、それを一般化しているように思われる）。しかしなによりも、ここで提示されているのは、彼女自身が本書のあとがきに書いているように、「人間的な」、自閉症児へのアプローチなのである。この「人間的な」という言葉は、えてして、宣伝文句やスローガンに過ぎず、その中身が何もないことが多い。この言葉がそのとおりのことを意味しているのかどうかを判断するには、タスティンが実際にどう子どもと会っていたかを詳細に示している、本書の一七章が、その格好の材料となるであろう。“Thinkings”と題されたこの章で、タスティンは、ピーターという自閉症児との一セッションを、彼女がそのセッションでどう感じどう考えたかを含めて詳細に記述している。このセッションで、ピーターは、プレイルームにある、それぞれの子どものおもちゃ専用の引き出しのついたタンスの下から上へおもちゃの動物を上げていき、また下に降ろすことを繰り返したりする。彼は一番下と一番上の引き出しを自分のおもちゃ用に使わせてもらっているが、真ん中のいくつかの引き出しは、ほかの子どもたちが用いるため鍵がかかっており中に何が入っているのか分からない。タスティンに何をやっているかと尋ねられて、ピーターは「かたちをとっている」と答える。以前のセッションで、彼はうんこを肛門の中で動かして「かたちをつくる」という話をしていた。これらから、タスティンは、ピーターにとって、一番下の引き出しは、柔らかいお尻であり、一番上の引き出しは、硬い頭であると考え、彼は自分の口に入ってくるものははっきりと見ることはできるし、お尻の穴から出てくるものもはっきりと見ることができるが、その中間にあるお腹、すなわち硬い頭と柔らかいお尻をつなぐものの中に何があるのか、何が起きているのか分からないことを恐れていることを指摘する。それは、感覚の「かたち」ではなく、それらが「消化」され、「考え」に変容していく場所なのであるが、ピーターにとってそれは恐れるべき「無」であり、恐ろしいモンスターがいると感じられる場所なのである。

詳細にわたって記述されたこのセッションの記録を読んでいけば、タスティンのさまざまな概念が具体的にどういう臨床現象をさしているのかよく分かってくるし、またこのような子どもたちとどのように会っていくのかという、技法的な面でも非常に参考になる。特に子どもの素材をどのように考えていくのか、どのように取り上げていくのか、そしてセラピストが逆転移をどう用いていくのか、考える手がかりが与えられている。そして彼女の「人間的」なアプローチは、何よりもまずこのような訓練された精神分析的方法論（クライン派の方法）に基づいていることが分かる。

また、このセッションを読んでいくと、タスティンがしている「解釈」は古典的な意味での解釈ではないことがわかる。古典的な意味で、解釈は、本人がすでに考えているか感じているが自分では気づいていないこと（無意識的内容）を指摘する営みであるが、ここで彼女が行っているのは、どうみても子ども本人がいまだ考えていなかったこと、感じていなかったことを話していくことである。それは、彼女があとがきで書いている言い方で言えば、「構成」であって解釈ではない。しかし、彼女の語った後の、子どもの反応、子どものしていることや語っていることを吟味すれば、あきらかにそれは彼女の言ったことに子どもなりに考え答えているように見える。そしてその反応に彼女がまた答えていく。あるいは、「構成」していく。このセッションの焦点となっている、真ん中の引出しの謎は、いわゆる器質論者たちのいう「心の理論」の問題とみることもできる。そのようにしてみれば、タスティンのアプローチと、「心の理論」派のアプローチとの相違が浮き彫りになるように思われる。子どもにとっては考えられないものであった、見えないし触れることもできないものである心という謎は、タスティンの助けを借りて、次第にそれに注意が向けられ、考えられ始めている。そしてそれは子ども自身の関心に基づき、子ども自身の言葉やその他の象徴的表現を通じてなされている。グロットスタインの言うように、これは確かにどこかリハビリテーションの考え（Grotstein, 1997）にも通じるし、さらにアルバレズの「再生（reclamation）」の考え（Alvarez, 1992）にもつながっていくように思われる。

このセッションには、ピーターが一人の世界から次第にタスティンと交流していく、その様がはっきりと見て取ることができる。そこでは、タスティンの心もいわば裸になっている。つまり、この記述には、タスティン自身の人生とのつながりをみてとることができるように思われる。この点で、それは、フロイトの『夢判断』における「イルマの注射」の夢やクラインの「喪とその躁うつ状態との関係」における「A夫人」症例（実は自己分析）に比することができるように思う。硬い頭と柔らかいお尻とのつながりは、どこかで彼女の教条主義的な母親／クラインと自由主義的な父親／ビオンとのつながりの問題と関わっているように思われ、そのつながりと関わる「お腹」の問題は、彼女自身の二度にわたる流産の痛手、そしてそれを克服する過程での自閉症児との仕事といった主題との関連を考えさせる。そしてこれらの個人的主題は、「硬さ」と「柔らかさ」という分裂とその統合、「容器（container）」対象としての結合両親対象の出現、自閉症水準でのエディプス状況など、刺激的な、新しい普遍的概念につながっていくという点でも、フロイトやクラインの仕事に比することができる。このように見ていけば、このセッションの中で、彼女はとてつもなく心を動かされる体験をしていることが分かる。ピーターとの会話は、ピーターを動かしただけでなく（彼がタビストックで行われたタスティンの追悼集会にやってきたことは、彼が深く動かされたという証左の一つではなかろうか）、彼女自身も動かしているようにみえる。セッションが終わったあとも彼女はこのセッションについて考え続けたに違いなく、それがこの本を作り出した原動力の一つとなり、それを読んだ私たち読者は自分自身やクライエントのことをさらに深く考えるように誘われる。精神分析の営みとはこのようなものであり、そういう意味で本書は、自閉症児の心の世界に接近する道が記されているだけでなく、精神分析の神髄を読者に示しているともいえよう。

文　献

Alvarez, A.（1992）Live Company. Routlegde. London. 千原雅代、中川純子、平井正三訳『こころの再生を求めて』岩崎学術出版社、二〇〇〇

Grotstein, J.（1997）One Pilgrim's Progress: Notes on Frances Tustin's Contributions to the Psychoanalytic Conception of Autism. In: Ed by Mitrani, T. & Mitrani, J.

Spensley, S.（1995）Frances Tustin. Routledge. London. 井原成男他訳、木部則雄解題『タスティン入門』岩崎学術出版社

Tustin, F.（1972）Autism and Childhood Psychosis. Hogarth. New York. 斎藤久美子監修、平井正三監訳『自閉症と小児精神病』創元社、二〇〇五

Tustin, F.（1987）Autistic Barriers in Neurotic Patients. Karnac Books. London.

第6章　精神分析臨床の革新——ビオン概念の臨床活用

一、はじめに

メルツァーは精神分析の展開の歴史において、フロイト—クライン—ビオンという流れに排他的に注目することの意義を示した（Meltzer, 1972）。私も、メルツァーと同じく、ビオンの仕事は、精神分析過程・精神分析家の役割・精神分析状況に関する考えを革新するような、フロイトやクラインに匹敵するものであると考える。したがって、「ビオン概念の臨床活用」という主題は、精神分析臨床そのものの基本的概念、前提の革新を意味する。これは私が本章で扱うには大きすぎる主題である。したがって、本章では、私が現在「活用」を意識している部分をいくつか挙げることにする。「意識している」と限定したのは、ビオンの考えは、訓練を通じて水や空気のようにごく当然のものとして浸透しているところがあるように思われるので、おそらく知らず知らずのうちに用いている部分も大変大きいと考えられるからである。

二、ビオンによる精神分析臨床の革新

フロイト、クライン、ビオンは、それぞれの仕事を踏まえながら、精神分析過程・精神分析家の役割・精神分析状況の性質に関する理解を深化させていったとみることができる。フロイトによれば、分析過程は転移の展開とそのワークスルー過程としてみることができた。クラインは、転移の展開は内的対象関係空想のセラピスト・状況への投影であり、現実のセラピスト・状況と出会う中でそれは変容していくとみた。ビオンによれば、分析過程は、クライエントの心が転移・逆転移状況という関係性の中に包容され、変容していく器を提供していくとみることができる。セラピストの視点からみていくと、まずフロイトによれば、セラピストは自らの無意識を「受容器」（Freud, 1912）としてクライエントの無意識を感受し、それを意識化して解釈していくことが期待される。解釈を通じて、クライエントは無意識を意識化し、反復することの代わりに想起し、考えることができるようになるのを手助けされる。クラインによれば、セラピストは、クライエントの無意識的空想の放出の機会を与え、その理解を示すことで、クライエントの悪性の内的対象を修正していく契機を創り出す。ビオンは、こうしたセラピストの無意識の意識化や理解は簡単には達成できないスローな過程でありうること、すなわちコンテインメントは意識的な統制が困難な無意識的過程を含むものであり、急げない過程であることを示していると考えられる。フロイトの考えでは、分析状況は、関係性を通じた洞察の場であった。クラインの考えでは、それは遊びを通じた空想の解放の場であった。ビオンの考えでは、それは出会いという経験から学ぶ場であると言いうるように思われる。

三、さまざまなビオン概念とその臨床活用

１　コンテインメント概念

こうしたビオンによる精神分析臨床の革新の中核を占めるのがコンテインメント概念である。私になじみ深い子どもの精神分析臨床に注目してみても、現在のタビストックで訓練を受けたセラピストの多くが携わっている重篤な障害を持つ子どもたちへの精神分析的アプローチは、コンテインメント概念なしにはありえないと言える。たとえば、虐待を受けた男の子の心理療法を想定してみよう。この男の子は、心理療法において、セラピストに対して暴力的になったり、暴言を吐いたりし続ける。彼は、象徴的な遊びをすることもあるが、彼にとって苦痛な事態が生じると行動に移ってしまい、それについて考えることも話し合うことも大変難しくなる。精神分析を、解釈を通じて洞察や理解を促すという考えに限定すれば、こうした子どもへの精神分析的アプローチは不可能とみなされるし、現にクライン派以外の精神分析の流れではそう考えられてきているようである。しかし、こうした子どもとのあいだに起こることを、投影と捉えること、セラピストの心に起こること、すなわち逆転移に注目し考え続けること、そしてそれを言葉にして返していくことを通じて、子どもは次第に象徴的な表現やコミュニケーションが可能になることが見出されてきた(2)（たとえば、Alvarez, 1992 参照）。これが、コンテインメントとして知られる過程なのである。

２　考える乳房

精神分析の世界では長らく「修正情動経験」という考えが論争の焦点になってきた。そのオリジナルな着想はともかく、クライエントとしてやって来る人は愛情に恵まれない不幸な人であり、セラピストはクライエントに愛情を提供することで変わっていくという考えが精神分析のみならず心理臨床の世界全般に存在するように思わ

れる。この考えは、精神分析の主流からは概ね否定されてきた。しかしながら、恵まれない経験をしてきたことで病んだ心を持つ人に、愛情深いセラピストによる、よい経験を提供することで心の病を癒すということでなければ、一体何を精神分析経験は提供しているのだろうか、という問いには決定的な答えはないままであった。それは、洞察か関係なのかという論争にもなったが、概ねそれは関係を通じた洞察、もしくは洞察を伴う関係といったところに落ち着いたように思われる（Hinshelwood, 1994）。とするとやはりセラピストとの関係が決定的に重要であるということには変わりがないわけであるが、それがどのような類の関係なのか、セラピストのどのような特質が重要なのかという問いが起こってくる。もしそれが愛情でないというならば、一体それは何なのだろうか。この問いをクラインの言葉で言うならば、よい乳房とは一体どのような特質を有しているのだろうかという問いになる。「考える」という特質がそれであるというのが、ビオン（Bion, 1962b）の答えである。

私がタビストックで出会った週三回の訓練ケースの一人は一四歳の女の子（平井、二〇〇九）であったが、知的障害を持っており、性的虐待を受け、心理的にも家族の中で軽蔑されていた。頻繁に性的行動化をすることが主たる問題の一つで心理療法を始めたのであるが、私には、汚らしい動物のような存在にしか見えなかった。三年あまりの経過の中で、私は、この少女にいくら「愛情」深くしても無駄であることを実感した。また、この少女の愚かな振る舞いの無意識的動機や空想を解釈しても有益でないことがほとんどであった。しかし、この少女との関わりの中で考え続けること、そしてそのようなスタンスを彼女に示し続けることは大いに役立つことを実感した。この少女の考えなしの愚かな振る舞いは、考える乳房とのつながりが十分でないことからくると捉え、

（2）この点に関して、アルバレズ（Alvarez, 2000）は、「このように大変重篤な障害を持つ患者においては、神経症の患者の場合のように、洞察や理解を患者に求めるのは言ってみれば贅沢な欲求なのである。しかしながら、このような子どもや青年を包容することは可能であり、そうして発達を促し、彼らが心理療法を受けなかったら考えられなかったようなよりよい人生を送ることが可能になるかもしれないのである。」（Alvarez, 2000, p.49）と述べている。こうした考えは、英国の精神分析的児童青年心理療法のスタンダードな見方になっていることは、『児童青年心理療法ハンドブック』における Lanyado & Horne（2009：特に第10章）による概説に見てとれる。

セラピストが考え続けることを通じて、この少女に考える乳房とのつながりを持ちうる機会を提供しているという考えの枠組みでの介入は役立ち、この少女は当初予想していた以上に考え深くなっていった。

3　Oと経験的側面

先に挙げた事例の女の子との心理療法の中で、セラピストが考え続けるということはどのようなことなのだろうか？　私は、この少女に対して「愛情」深くあることは無意味であると感じたと述べた。実際のところ私はこの少女に嫌悪感や憤りや軽蔑を感じることはあっても、真の愛情を感じていると言えば嘘になることに向き合わざるをえなかった。さらに私は築いても築いても簡単に壊されるような彼女とのやりとりの不毛さに絶望感や無力感を幾度となく味あわされた。しかしながら、彼女の話すことや振る舞いに耳を傾け続けることを通じて、私は次第に、この少女であるということはどういうことなのか、どういう気持ちのすることなのか感じることができるようになってきたように思われる。より正確に言うならば、この少女の経験世界が私の経験世界の現実の一部となっていたと言える状況が生じていたと考えられる。ビオンの表記（Bion, 1962b）を用いて、私がこの少女の経験状態について考えている状態をKの状態と呼ぶとすれば、この時の私はOの状態（Bion, 1970）に接近していたと言いうる。そして、この経験について考えること、すなわちOからKへの移行が、セラピストとしての私の主要な課題であると私は理解した。ビオンは、精神分析状況の本質は出会いという経験から学ぶことであり、KからO、OからKへの移行という運動であることを示したと私は理解している。

4　考えることについて考えること

私は、経験から学ぶことはビオンの出発点でもあり、最も重要な考えであるとみなしているが、私たちは経験についてどのように考えればそこから学んでいけるのだろうか。

ビオンはこの問いに答えるために、考えることについて考えていった。それが考えることについての理論（Bion, 1962a）であり、α機能の理論（Bion, 1962b）であり、グリッドの着想（Bion, 1963）である。私はこれらの理論を正確に理解しているわけではないが、私なりに臨床に生かす道筋を築き上げてきた。私にとって臨床に生かすには正確さよりも自分の臨床思考にとって有益な道具として用いられるかどうかが大切になる。ビオンのこれらの理論は、心理療法のセッションの中で、臨床家がどのように考えていくのかについて指針を与えてくれる。まず考えることの理論における不在性と考えの生成との分かち難い結びつきという着想は、性急な満足を得ようとする傾向との格闘が真の思考の必要条件であることに注意を喚起する。どのような類であれ欲望の満足と思考は対極の関係にある、という思考の指針を与えてくれるのである。α機能の理論の重要な点は、経験そのものは考えることのできないものであること、そしてそれを考えることのできるものに変容していく過程、すなわち消化の過程は無意識的な過程であり内的対象の機能であるという認識である。つまり、意識的・知的な努力の及ばない領域でそれが起こっているということである。また、グリッドの着想が示唆するのは、その消化過程の最初の表れは、夢もしくは夢様の思考として現れてくることである。そしてそのような夢もしくは夢様の思考が理論と照合できるような概念水準に到達するには、次第に洗練されていく必要があるということである。

グリッドに関して私が役に立つと感じているもう一つの側面は、言葉がどのような用いられ方をしているかという視点の重要性に注意を促している点である。このようにグリッドの着想は、クライエントの話す言葉の意味だけでなく、その象徴化の程度や洗練の水準、そしてその言葉を発することで果たしている役割に注意を払うことの重要性を示唆している。

5　わからないままでいること、正確さへの志向

私がビオンから学んだことの中で最も大切に感じていることの一つは正確さへの志向である。ビオンの著作を

読むという経験は、事象を正確に捉えようという彼の意志に感銘を受けるという経験なのではないかと思う。私は、自身の精神分析臨床の中でこの正確さへの志向は大変重要なものであることを次第に経験から理解してきた。先に述べたように、クライエントの語ることや表現していること、振る舞いなどを性急に理論や概念に当てはめるのではなく、それそのものを十全に捉える言葉や概念が現れるまで待つという姿勢、すなわちわからないままでいること（Bion, 1970）は、臨床上決定的に重要なことなのである。私がここで、正確さへの志向と呼んだものは、不正確さや誤りへの嫌悪とは異なる。不正確さや誤りへの嫌悪は憎悪に基づくのに対して、正確さへの志向は真実への希求に根差したものである。ビオン（Bion, 1962b）は、真実は心の栄養とみることができることを私たちに示した。セラピストは、心の栄養である真実への good taste（見識）を育む必要があるように思う。しかしそれはあくまで志向であり、決して達成されることのない希求であるという認識も大切なように思われる。「おおざっぱであること」「乱暴な見方であること」「暫定的な考えに過ぎないこと」を許容できることが、この「正確さへの志向」という営みにおいて重要であると私は考える。

四、ビオンによって示唆される臨床思考

1　意味の解明と生成

ビオン（Bion, 1962a; 1962b）は、考えることは経験を消化するという役割を持つだけでなく、考えるという行為そのものが心を形作っていくと示唆している。これは、伝統的な精神分析の言葉では、真実に直面することで自我は成長していくと言い換えることができるだろう。真実は心の栄養ということの含みはここにあると思われる。ビオンはまた、心は意味を求めていく存在でもあると示唆している。メルツァー（Meltzer, 1983）が指摘するように、意味は情動であり、情動は意味そのものであることをビオンは示した。このようにして、精神分

析の目指すのは、情動経験を通じての意味の解明であることが明らかになったのである。これはフロイトの精神分析においてすでに現われていた主題であったが、ビオンはそのカバーする領域を大きく拡大したように思われる。フロイトの心のモデルでは、無意識という「隠された意味」を明るみに出すことがその探索領域であったのに対して、ビオンは、β要素とα機能、すなわち無意味という領域、意味の生成という領域を発見したと言えよう。

私は私自身の臨床思考の中に根深くフロイト的思考があることに気づかされる。それは、極言すれば「推理小説モデル」である。たとえば鼠男のような症例の中でフロイト（Freud, 1909）は鼠男の奇妙な症状行為の背景にある空想を詳細に解明していこうとする。クライン派の訓練を受けたセラピストは、クライエントの「素材」に現れる無意識的空想を探知することを目指す。このような考えは、犯人はすでに確定しており、犯罪行為の中身も確定しており、私たちのすることは、さまざまな痕跡からその中身を暴いていくというものである。あるいは本の最後に明らかになる犯人とトリックがあらかじめ確定している推理小説を読んでいるようなものである。しかし私は、ある種の事例においては、まるで犯人も犯罪の中身も決まっていない推理小説を読んでいるようであることに気づかされた。いわば本を読んでいるうちに筋書きが生成されていくような状況なのである。つまり、セラピストが精神分析的設定を設け、クライエントに関心を持ち、考え、関わり、語りかけていく行為そのものの中で「無意識的空想」そのものが生成され展開していくように思われる節があることに気づかされた。

この点で印象的であったのは、私がスーパーバイズしたある児童養護施設の男の子の事例である。発達障害と分類されるであろうこの男の子は、心理療法では毎回ビー玉を何個か箱の中に入れ、その箱を揺らしたりして、ビー玉が互いにぶつかり弾き飛ばされる様を見ているということを繰り返した。「推理小説モデル」に則れば、箱を母親の体もしくはコンテイナー、ビー玉をその子と他の子どもとみなし、その遊びは、心理療法という器／母親の体の占有を目指し他の子どもと熾烈な争いをしているというその子どもの無意識的空想を表すという考えが妥当なものだろう。しかし私には、その子どもは行為の主体（Alvarez, 1992）としての自己という概念すら十分に持っているように見えず、「自分が器／母親の体を占有するために他の子どもを弾き飛ばす」というように分節化された空想を持っているとは思えなかった。むしろその子どもは、漠然と多くの存在が器の中にあり、そのなかで熾烈なぶつかり合いがあるという感覚しかなかったように思われ、どちらかといえばほとんど無意味なものであるように感じられたのである。その子どもはどのビー玉にも同一化していなかった。しかし、心理療法の中でセラピストによって関心を持たれ考えられるという経験を通じて、その子どもは、自分が行為の主体であるという感覚を強めていく中で、構造化されたゲームや戦いの中で自分が勝つという遊びをするようになり、それは自分が母親の体、もしくはセラピストの心を独占できるという空想を確かに表しているように思われた。このように心理療法を通じて意味を解明しているというよりも生成していると思われる事態は、タスティンの自閉症児との仕事（Tustin, 1992）にも見られる。(3)

意味の解明という主題に関してもう一つ私がビオンに教えられたことがある。それは隠されていない意味の解明の問題である。ビオンはあるところで、問題となるのは無意識の解明ではなく意識の解明と述べているが、(4)私は臨床上しばしば、クライエントが意識的に持っている考えや感情に注目することの大切さに気づかされてきた。意識化されないことが問題なのではなく、意識されてはいるもののそれがどういう意味を持つのか、どういう意義を持ちうるのか気づかれていないことが大変多いように思われる。精神分析は葛藤、特に無意識の葛藤を扱うと考えられてきたが、しばしば潜在的な葛藤は意識においても無意識においても葛藤になっていないという事態に遭遇する。これが非常に現代的な問題に思われるのは、複雑な現代社会において個人としての私たちは互いに対立する価値体系を持つ、さまざまなグループに属し、さまざまな活動を行っているという事態のことを考えるときである。それぞれのグループや活動は、ビオンの言う vertex［頂点］（Bion, 1970）が異なっており、潜在的には互いに対立しうるのである。たとえば、学会に属し、学会で話をするということは、臨床の中でクライエントに会うという行為と異なるvertexで活動している可能性が高いように思われ、潜在的には大きく対立する部分があるかもしれない。私たちはみなどこかでそのような矛盾や対立がないかのようにふるまうのに慣れてしまっているが、臨床的に遭遇するのはまさしくこのような潜在的な矛盾と対立とその意義という問題なのである。ビオンの仕事は悩みを悩めないという現代的主題を扱っているということは、このような臨床主題においても考えさせられる。

2　セラピストの行為の側面と「今ここ」性

スピリウス（Spillius, 1988）が指摘しているように、ビオンを通じてクライン派の精神分析家たちは、対象関係を解剖学用語ではなく、機能という点で見るようになった。先の「考える乳房」という概念もその一環と考えられる。この機能という視点に着目すると、精神分析状況は分析家の解釈の内容をクライエントが理解して変わっていくという図式に限定されないという考えに導かれる。分析家は、解釈行為だけでなく、分析的設定を設け維持する、関心を持つ、観察をする、考えるという一連の行為を通じて一定の機能をクライエントに対して果たしているとみることができる。先に述べたようにこれはある意味クライエントに「修正情動経験」を分析状況の中で現に提供しているともみなせる。分析家が行っている機能はクライエントの表象された対象関係の中に表現される。たとえば、分析家が分析の枠を守りながら受容的に受け止めていくという一連の行為は、クライエントの表象の中では、父親と母親の結びつきとして現れるかもしれない。そしてそれは、以前の対立する両親という

（3）第5章参照。

（4）「無意識の重要性によってわれわれは、精神分析的に扱われた無意識的記憶と欲望の他に、意識的記憶と欲望を扱う際に解決されるべき問題があることに盲目になってはいけない。意識に対しては、どのような種類の「精神分析」が必要とされるのであろうか。」（Bion, 1970：日本語訳 p.264）

対象関係が「修正」されたものとみなせるかもしれない。

こうした考えは、セラピストを、精神分析臨床においては解釈の内容だけでなく、分析的設定を設け、維持し、関心を持ち、観察し、考え、話していくという一連の行為そのものが決定的に重要であるという視点だけでなく、そのような行為がクライエントにどう受け止められているかに注意を払う必要性に導く。私が別のところ（平井、二〇〇五）で示唆したように、こうしたセラピストの行為が担うのは、本質的に親的機能なのであり、こうした意味でセラピストは分析状況の「今ここ」の中で、親的機能をクライエントに提供していると考えられる。こうした着想は、分析状況における「今ここ」性に新たな光を投げかけている。すなわち、クライエントの転移の焦点が、「今ここ」の分析状況の中で、セラピストの治療行為そのもののさまざまな側面に向けられるのである。多くのクライエントは、まさしく否定的な親経験をしており、セラピストの行為に対して否定的な受け止め方をするのが普通である。すなわち、陰性転移がセラピストのまさしく治療行為とみなしている部分に集中することが多いことに注意を払う必要がある。そしてまた、異なった形で親機能を経験し、そしてクライエントの考える機能そのものの変容が生じるのもまさしくこの「今ここ」での分析状況なのである。こうした意味で、クライエントの「素材」の中に表現されるさまざまな対象の属性を治療行為のさまざまな側面にいわば「翻訳」する視点は臨床思考の中で重要になってくるのである。

五、おわりに

ビオン概念の臨床的活用ということで私なりに考えたことをここまで述べてきた。しかし、私がビオンから学んだ最大のものは、彼の概念というよりも、分析臨床がいかに興味のつきないものなのかということであり、分析臨床の面白さ、分析実践への情熱であるように思う。つまり分析臨床を生きたものにする、あるいは分析臨床家として生きることを鼓舞されたと感じている。それは主に彼の晩年のセミナーや著作を読む経験から得られた。

晩年のセミナーの中で彼はしばしばcalcification（石灰化）という言葉を用いている。私たちは日々生きている中で自分はこういうものであるとか、人生というものはこういうものであるとか、社会や世界はこういうものであるという固定した考えを持つようになる。それは学会においても同じであり、固定した臨床の見方、そしてその背後に固定した人生観や世界観がある。私たちの分析臨床で出会うクライエントたちは、こうした石灰化の過程が揺るがされている人々であり、分析臨床の面白さは、このような人々との出会いと対話の中で、私たち自身の石灰化を揺るがされ、隠された意味、存在すらしなかった意味、そこにあるのに気づかなかった意味を顕わにしてくれることのように思う。

ビオンの最後の著作〝A Memoir of the Future〟は、私はほとんど理解できなかったが、彼が精神分析の本質は永遠に続く対話であると考えていることはわかった。それは、さまざまな視点、さまざまな考えが、考えることそのものを脅かす部分（「男（Man）」）の圧迫の中で永遠に結論の出ることのない対話を続けることであるとビオンは示唆している。そのような対話の中で、経験は意味を紡ぎだされていくのである。この本の最後にビオンは、以下のように書いている。

> 私は人生の中でずっと、常識、理性、記憶、欲望、そして（これが最も恐ろしいものなのだが）理解することと理解されることといったものの囚われの身になり、欲求不満を味あわされ続け、それらにつきまとわれ続けてきた。本書は、こうしたものすべてへの私の反抗を表明し、それらに「さよなら」を言う試みである。……（Bion, 1991, p. 578 拙訳）

これらの言葉は、ビオンにとって精神分析実践の魅力は自由という問題と分かちがたいことを示唆しているように私は思う。そしてまたこれらの言葉によって、私たちはビオンから、ビオンを理解することをやめ、自分自身の考え、自分自身の臨床思考を育むことを励まされているように思う。

文　献

Alvarez, A.（1992）Live Company. Routledge. 平井正三、千原雅代、中川純子訳『こころの再生を求めて』岩崎学術出版社

Alvarez, A.（2000）Borderline Children: differentiating disturbance and deficit. In: Rustin, M. & Quagliata, E.（eds.）Assessment in Child Psychotherapy. Duckworth. 滝口のぞみ訳「境界例児のアセスメント：混乱と欠損の鑑別」木部則雄監訳『こどものこころのアセスメント』所収、岩崎学術出版社、二〇〇七

Bion, W.（1962a）A theory of thinking. International Journal of Psycho-Analysis, vol. 43. 白峰克彦訳「思索についての理論」松木邦裕監訳『メラニー・クライン トゥデイ②』所収、岩崎学術出版社、一九九三

Bion, W.（1962b）Learning From Experience. Heinemann, London. 福本修訳『精神分析の方法Ⅰ』法政大学出版局、一九九九

Bion, W.（1963）The Elements of Psycho-Analysis. Heinemann. 福本修訳「精神分析の要素」『精神分析の方法Ⅰ』所収、法政大学出版局、一九九九

Bion, W.（1967）Second Thoughts: Selected Papers on Psycho-Analysis. Karnac. 松木邦裕監訳、中川慎一郎訳『再考：精神病の精神分析論』金剛出版、二〇〇七

Bion, W.（1970）Attention and Interpretation. Heinemann. 福本修、平井正三訳「注意と解釈」『精神分析の方法Ⅱ』所収、法政大学出版局、二〇〇二

Bion, W.（1991）A Memoir of the Future. Karnac.

Bion, W.（2005）The Italian Seminars. Karnac Books.

Freud, S.（1909）Notes upon a case of obsessional neurosis. In: Standard Edition, vol. 10. Hogarth Press, London. 小此木啓吾訳「強迫神経症の一症例に関する考察」『フロイト著作集 第九巻』所収、人文書院、一九八三

Freud, S.（1912）Recommendation to physicians practicing psycho-analyisis. In: Standard Edition, vol. 12. Hogarth Press, London. 小此木啓吾訳「分析医に対する分析治療上の注意」『フロイト著作集 第九巻』所収、人文書院、一九八三

Hinshelwood. R.（1994）Clinical Klein. Free Association, London. 福本修、木部則雄、平井正三訳『クリニカル・クライン』誠信書房、一九九九

平井正三（二〇〇四）「海外文献紹介：Autistic States in Children（Revised Edition）」『臨床心理学』四巻三号［本書第11章］

平井正三（二〇〇五）「精神分析的心理療法における治療者の行為」『精神分析研究』四九巻三号、二四七―二五七、『精神分析的心理療法と象徴化』所収、岩崎学術出版社、二〇一一

平井正三（二〇〇九）『子どもの精神分析的心理療法の経験――タビストック・クリニックの訓練』金剛出版

平井正三（二〇一一）『精神分析的心理療法と象徴化――コンテインメントをめぐる臨床思考』岩崎学術出版社

Lanyado, M. & Horne, A.（2009）The Handbook of Child & Adolescent Psychotherapy: Psychoanalytic Approach. Routledge. 鵜飼奈津子、平井正三、脇谷順子監訳『児童青年心理療法ハンドブック』創元社、二〇一二

Meltzer, D.（1978）The Kleinian Development. Clunie Press.

Meltzer, D.（1983）Dream-Life. Clunie Press, Perthshire. 新宮一成、福本修、平井正三訳『夢生活――精神分析理論と技法の再検討』金剛出版、二〇〇四

Spillius, E. B.（1988）Introduction. In: Spillius, E. B.（ed.）Melanie Klein Today, vol. 2. Routledge. 松木邦裕訳「総説」松木邦裕監訳『メラニー・クライン トゥデイ③』所収、岩崎学術出版社、二〇〇〇

Tustin, F.（1992）Autistic States in Children（Revised Edition）. Routledge.

補章　開かれた対話——精神分析学会における討議から

第6章は、二〇一〇年精神分析学会教育研修セミナー「ビオン概念の臨床活用の実際」において発表されたものである。本セミナーで私とともに興味深い話題提供をされた、北村隆人先生、祖父江典人先生、鈴木智美先生、指定討論として鋭い質問をしていただいた松木邦裕先生、菊池恭子先生、さらにフロアからご質問いただいた先生方のおかげでいろいろな考えを触発された。第六章の議論を補う意味も込めて、討議における私の発言部分を以下に抜粋した。

発言1

ビオンは精神分析を特権化しているかもしれないという北村隆人先生のご指摘に関しては、私は、実は、ほとんど同意します。一点だけ、違う見方もあるのではないかというのがこれからお話しする部分です。私は、一度精神分析に対して妄信的になったり、神聖な精神分析を求めようとすることが必要ではないかという菊池恭子先生がおっしゃったことに基本的に同意します。同じたぐいのことを私は基本的に思っていまして、たとえば、私たちのやっている仕事は芸術家と似ているところがあると思うんです。たとえば、音楽家は音楽性というのをとことん突き詰めないで、音楽、そしてクリエイティブな仕事ができるのだろうかと思うわけです。多くの人は、こう言ってはなんですけれども、「ビオンでもちょっとかじっておこうか」みたいな感じで思っていらっしゃるだけかもしれないですが、本当にビオンを読めば、「これ、トンデモ本やで」という内容なので、私たちは、いい本みたいな顔をしていますけれども、実は中身は本当には見せていません。これはトンデモ本です。どっちかというと反社会的、非社会的、これはサイコパスじゃないかみたいな話が、たとえば『再考』の注を読んでいたらありまして、非常にトンデモ本なんですね。いま、北村先生がおっしゃった抵抗の話がありますね。抵抗の話も非常に論争の的で、精神分析は何でも抵抗と言って、文句を言うやつは全部抵抗だと言えばそれで済むという、下手をすれば独善論になる傾向があって、こうした問題を大事に考える必要があると思うんです。

しかし、他方で、たとえばフロイト、クライン、ビオン、全部トンデモ本ですよ。皆さん、読んでみてください。普通の世間で私たちが常識と思っているものを全部覆すような、そんな本を読んでいると知れたら、みんなと朝会った時に「おはよう」なんてもう言っていられない。明くる日から挨拶できなくなるような話しか書いてないんです。ところが、実際に私たちが臨床でやっている仕事というのは実はそういう仕事です。家に帰って、「こんな話があったんや」みたいな……、クライエントのプライバシーだから、もちろんそんなことを話してはダメですけれども、人に言えるような話ばっかりかというと、本当は違うんです。

ですから、私たちは自分がやっている仕事の性質は一体何かと立ち止って考える必要は確かにあると私は思います。ビオンがしているのは、そこを本当に突き詰めていく仕事ではないかと思うんです。しかし、晩年のビオンが言っているように、精神分析だけではないというのはあまりにも明らかでしょう。音楽家だけが音楽をやっているかというと大間違いですし、音楽だけが芸術かというのも大間違いです。ただ、あるときに本当にそれを突き詰めないと、精神分析家としてのアイデンティティというのは持てないと私は思います。しかし逆に、じゃあ、こうした心を深く探究することを精神分析以外の人がやっていないかといったら、たとえば音楽だってそうですよね。どの人だって音楽をやっているわけです。赤ちゃんだって音楽をやっているわけですから、精神分析も本当にそうだと私は思っています。

もう一つ言うと、北村先生とは神秘家の読み方もだいぶ私と違うなと思いました。基本的に北村先生の中では神秘家は悪いものと思っていらっしゃるように聞こえたのですが、ビオンの『注意と解釈』を読んでいくと、こういう読み方はダメかもしれないのですけれども、私は神秘家に惹かれるんですね。それはまさしくビオンが危険な領域に入っている部分だと私は思います。ビオンは実際にそれを言っていて、神秘家というのは危険なものであると。この神秘家的なものとエスタブリッシュメント、すなわち既存の自分自身のあり方や社会のあり方とどう折り合いをつけるかというのは決定的に重要な問題で、大概の人は近づかないほうがいいということだと思うんです。けれども、精神分析と名のつく営みにおいて、神秘家、あるいは直感と言ってもよい、自分自身のうちから生じてくる訳も分からないものと、世間の人や自分自身の常識的な部分と、何らかのかたちで軋轢になるようなことに携わらなくて本当にクリエイティブな仕事ができるのか、とは思います。

発言２

私は、何か同じことしか基本的に考えていません。つまり、神秘家の問題を、もう一回、頭から離れない風景みたいに注意して考えてしまっています。ビオンの言っている神秘家というのはいったい何なんだろうと思うんですね。私は、基本的にビオンは精神分析の流れの中で理解するべきだと思うし、フロイト、クライン、ビオンという流れで理解する必要があると思います。その中でビオンは「精神分析というのはいったい何なんだろう？」ということを本当に突き詰めた――音楽家が、音楽性って本当に何なんだろうということを、音楽家たるために突き詰める必要があるという意味で突き詰めた人だと思うんです。

その中で神秘家ということに至ったと思いますけれども、私の理解では、キリスト教神秘主義であるとか、ユダヤ教神秘主義という、神との合一、あるいは神性との合一、そういう考えを基本的に下敷きにしていると思うんですね。彼が見出したのは、自分が精神分析臨床の中で実際に経験している、言葉にならない経験、誰にも言えないようなそういう経験ですね。カウチに週四回、五回横になって、ワケのわからない世界の中で経験するものの、表現されていない、とらえられていない側面を理解するために、こういう人たちの考えが非常に役に立つことを彼は見出したわけです。

たとえば科学の世界では神秘主義に没頭したニュートンみたいな人もいますね。ニュートンの話もビオンはしています。ニュートンというのは本当にいかがわしい人ですよね。そういう人というのは枚挙にいとまがないです。科学の世界で本当に理論的なことをやっている人なんか紙一重の世界の中にいて、狂気なのか何なのかわからないようなことを考えている人たちがいます。芸術家もそうですね。ビオンは、自分がやっている仕事はそういう人たちと似たようなところがある、ということを突き詰めて考えていったのが神秘家の話だと思うのです。そこをもう一回明確にしたいと思います。

北村先生の話は非常に面白くて、いろいろものを考えさせられる話をしていただいたかなとは思っているんですけれども、ビオンの言葉で「caesura（断絶）」という言葉がありますが、断絶は分析家になるために必要なことだと思うんですね。一歩を超えるみたいな、ちょっとおかしい世界に入らない限り、分析家としてあり得るのだろうか？　というのを一方で思うんですけれども、その caesura はもう一回橋渡しをされる必要があって、それがビオンの晩年、後のほうの仕事でやっていることではないかと思うんですね。

別の言い方で言えば、確かにビオンは苦しいと思うんですね。たとえば『変形』なんて読んでいると、もう嫌になってきます。「こんなじいさんと二度とつき合いたくない」という気持ちしか起こらないです。そこが苦しいところであると私は思うんですね。それは、ぶっちゃけた話、カウチで週四回、五回の分析を受けたことがあるとか、分析をやっているとか、ビオンの著作を読んだことのある人だけがこのセミナーに出ますと言ったら、誰も残らないと思います。〝そして誰もいなくなった〟みたいにしかならないわけです。そういう話なのか。それこそ秘教的な限られた人にしかわからないというものであるというならば、それは悪い意味で「神秘的な教え」に過ぎないことになりかねないでしょう。しかし逆に、こうしたセミナーにもっと人に来てもらいたいから、もっとわかりやすくすべきなのか、そしてそれがよいことなのかという問いも起こります。そういうこととは別に、内在的に、本質的に、これは何か無理があるということをやっぱり考えさせられると思うんですね。それはクライエントにとってもそうだし、自分自身にとってもそうだし、人間には、もっと普通の部分、いろんな部分があるわけです。私なんか本当に下世話な人間でしかないと思っています。そういう「普通のもの」とつながりを保たないでこういう精神分析の営みというのはあり得るのだろうかという、問題に行き着くと思うんです。

それで、アレキサンダーに端を発する修正情動経験と私が今日お話したものとの違いについてもう少し話してほしいという菊池先生の質問ですが、違いについて言うと、私は具体的なところでいっぱい違うと思います。技法的には、私が想定しているアプローチは一般的・伝統的な分析的技法を踏襲するという、それだけなんですね。古典的に修正情動経験と言われているものには私は興味もないので、あまり知りません。ただ、具体的に愛情表現をするとか、やさしくするとか、そういうことが含まれていると思うのです。

じゃあ、実際の親は、具体的に子どもに対して愛情表現することだけをやっているかといったら、そんなことないと思うんです。私は、乳児観察という実践もやっていますが、人間の心が成り立っていく早期の母子関係というものを見ていったときに、やっぱり分析的な要素というのはあるわけです。分析的技法では中立性ということが言われますが、分析外の母子関係にもそういうものはあるわけです。そういうものがまったくないお母さんというのは怖いですよ。母親が中立的に赤ん坊の様子を見ずに、みんな自分の思っているとおりに動いたら、「おい、待ってくれ、話聞けよ」と、赤ちゃんだって思うわけですね。「バイアスかけんといてくれ、俺の話聞いてくれよ、色つけんといてくれ！」って思いますよ。赤ちゃんを代弁すればそうなると思うんです。大なり小なり程度の差はあるけれども、ほとんどの皆さんがそうだと思いますが、そういうふうにして話を受けとめているから心というものが成長しているところがある。そういうふうに思うんです。

それが修正情動経験に関する菊池先生のご質問への答えです。もう一つの、「考える乳房」をクライエントがどのように内在化していくのかに関する、松木邦裕先生のご質問はちょっと難しいので、答えようがないような気もしています。ある種の子ども、ある種のクライエントは取り入れることが難しいですから、取り入れの困難というものに取り組んでいく必要があると思います。ただ、いわゆる分析的に、力動——たとえば羨望とか、破壊性とか、欲求不満の耐えられなさというものに取り組んでやっていったらそれで取り入れの問題は解決するわけではないところもあると思うんです。アルバレズも指摘しているように（Alvarez, 2012）、分析家やセラピストも自分自身の介入の取り入れ可能性について考えていく必要があるとは思いますね。

それから、松木先生のもう一つのご質問に移りますと、それは私の意味の生成についてのご質問で、ビー玉の素材の話で、それは、β要素であるとか、α要素であるとか、夢思考の水準までまだ立ち上がっていない前概念状態のものとして考えられるのではないかというご指摘ですけれども、私は、概ねそういうふうに考えても差し支えないのではないか、というか、むしろそういうことなのかもしれないと思う一方、あまりぴんとこないというか、そういうとらえ方をすることが、私の考えている臨床的な思考の中で何か大きな意味を持っているようには思えないところもあります。むしろ、実際にその場にいてそういう子どもと接する中で、ストーリーというものがまだ存在していない。火にあぶったら字が浮かんでくる〝あぶりだし〟みたいに、ある条件が整ったらその中に書いてあるものが立ち上がってくる。それは初めから書いてあったのかどうかという問題は、私にとってはあまり関心を持てない何かがあるんですね。「いやいや、これはこういうもんだ、初めからこうだと言っている」というのは、何でしょう……。そこには、発見の喜び、その子ども固有の何かを見つけ出しているという感覚が、ないように思うんですね。それはいったいどういうことか私にはわからないのですが、私の臨床的なものの考え方とはどこか相容れない、としか言いようがないですね。ということでお答えに代えたいと思います。

発言３

「考える乳房」という場合、考えるということの主体は何なのかと、岡元宗平先生（自治医科大学）がご質問されました。これに対してまず私が思ったのは、「考える乳房」というのは完全にジャーゴンで、本当に意味をなさない言葉だなあ、私も世間からずいぶん遠くなってしまったなあということです。この言葉を当然のように書いていたのですけれども、こんなとんでもない言葉をいつの間にか普通に語ってしまう怖い世界だなあと、改めて感じました。これは確かにジャーゴンでダメですね。

この言葉は考えてみたら、クラインを下敷きにしない限り意味をなさないと思います。おっぱいというものがメラニー・クラインにとってどういう意味合いがあるか。それは部分対象関係なのですが、妄想分裂ポジションの中で分裂と理想化というものが成立します。クラインの考えでは、自我や人格の強さというのは、よい対象をどう内在化させてそれにどう関わるかということがすべてです。そうすると、一番の最初の対象関係というのが下敷きになるわけです。それがよい乳房との関係で、よいといった場合にどういうよさかというと、クラインの場合は基本的には「理解」と「愛情」だと思います。愛情というのは理解を通じて供給される。だから、「よい乳房」は授乳をするおっぱいと言えるわけですが、お乳という栄養分に匹敵するような心の栄養分を与えてくれる乳房なのです。その心の栄養分にあたるのが「理解」です。ビオンはそれをもう少し押し進めて、「考える」ということをやってくれる。松木先生がご指摘していただいたと思いますが、それは意識的に考えるということにとどまらないわけです。むしろ無意識的な、ビオンがα機能と呼ぶ、赤ちゃんからの投影を受け入れて、それを心的に消化して赤ちゃんが受け取れるものに変えていく、そういう作用全体を指しているわけです。それは何を意味するかと言われても困るんです。それは恐らく理論上の仮定にすぎないわけです。

ただ、ちょっと角度を変えてみますと、人間の赤ちゃんというのは非常にインテリジェントな生き物だと思うんです。赤ちゃんが、お母さんあるいは人と関わる姿を見ますと、明らかにものを考える人を求めている。そういった存在を希求している。それを見つけ出して、それと関わろうとする部分というのは必ずどの赤ちゃんにもあると思います。それが何らかの理由で、たとえば赤ちゃんのそういう志向性というものが十分でない、あるいは、お母さんや養育者が適当にやっているだけで、本当に何も感じていないという関わりをしていれば、その子にはそうした考える乳房とのつながりが育まれていかないかもしれません。ここでものを考えると言うのは、数学の問題を考えるという意味の考えるというのではなく、情動経験について考えることのできるという意味ですが、そうした意味で考えることのできる存在との関わりというのは非常に難しくなる。逆に精神分析は、こういう情緒的に考えることのできる対象との関わりを軸に援助していくやり方なんだということを明確にしたのがビオンだというのが、私が「考える乳房」ということで言っていることなのです。

発言4

クライエント自身が自分のα機能を発見している側面があるのではないかという、上田勝久先生（京都民医連）のご指摘に関しては、おっしゃるとおりかなと思います。α機能を内在化している事態は、そのような機能を自分の中に（再）発見しているということだと思います。さらに、今日、ここまで話しそびれたことですけれども、ビオンが示唆していることは、分析での対話を「これはこういうものである」という閉じたものではなく、答えがさらなる問いを生み出すような、開かれたものにしていって、クライエントや子ども自身が発見していくということを非常に重視しているところがあると思うんです。上田先生のご指摘は、それともつながると思います。

パート2　精神分析を深めること

……分析が進展すればするほど、精神分析者と被分析者は、その患者をその患者たらしめている還元不能な最小限のものについて熟考する状態をますます達成する。［Bion, 1970: p. 59 拙訳：Bion, W. (1970) Attention and Interpretation. Karnac Books. 福本修・平井正三訳（二〇〇二）「注意と解釈」『精神分析の方法Ⅱ』法政大学出版局］

精神分析実践に携わり、日々の臨床の中で格闘する中で、精神分析との関わりは徐々に深まっていくことになる。ビオンは、分析プロセスが深まると患者の「還元不能な最小限のもの」に触れていくと述べているが、それは精神分析そのものとの関わりについてもあてはまるのではなかろうか。精神分析を精神分析たらしめている「還元不能な最小限のもの」について熟考することになるのである。クラインのインパクト、心理療法における言語、共感、精神分析的心理療法の性質、美の問題と取り組む中で、精神分析の不変物がその姿を浮かび上がらせていると言えよう。

第7章　メラニー・クラインの「児童分析」のインパクト

今日、さまざまな心理療法の流れが、「関係性」という漠然としながらも魅力的な収束点に向かって共通の基盤を形成しつつある観がある。その中で中心的な流れである対象関係論の源泉が、メラニー・クラインの児童分析の仕事であることは、広く認められている。しかし、彼女の仕事自体は、一般にとっつきにくく、難解であるとか、精神分析コミュニティの「意味不明な言葉」の極端な例の一つと見なされることが少なくないのが現状であろう。他方で、わが国ではクラインの考えの受容は、自我心理学や英国中間学派などを経由した薄められたかたちが主であるように思われる。

本章で私は、このメラニー・クラインの仕事が、いかに私たちの日常や臨床の現実に強力な光を当てるものであるかについて、タビストック・クリニックでクライン派の児童心理療法の訓練を受けた立場から述べていきたい。

フロイトは、「理論も結構だが、実際に存在するんだから仕方ないではないか」というシャルコーの言葉を好んで引用したと言われている。フロイトが創始した精神分析の力の源泉は、理論やさまざまな先入見にとらわれず目の前に見える真実を見ていこうとする、このような態度であると見ることができる。精神分析の探究が拠って立つのは、クライエントに自由に表現する機会を与えて、そのことによって彼らの心のありさまをありのままに見ていくという方法である。つまり、自由連想とその観察という精神分析の方法なのである。治療者の側からいかなる理論的・道徳的・教育的な先入観を押しつけることなく、クライエントに自らの心の内奥を表現させて、それをそのままに観察して、記述していく、という営みが、フロイトの仕事の最も刺激的な部分であると私は考える。そして、私は、メラニー・クラインを、心の真実への容赦ない探究というフロイトの仕事の最も忠実な後継者として見なせるのではないかと思う。

つまり、クラインの「児童分析」の仕事の持つインパクトは、幼い子どもに遊びというかたちで自由に表現する機会を与え、それをできるだけありのままに記述したことにある。彼女の最初の著作『児童の精神分析』は、彼女が英国に移住するきっかけとなった一連の講義をもとにしているという意味で、英国対象関係論の源泉と言える本であるが、基本的には理論的な説明というより臨床的な現象の記述と捉えない限り理解不能な内容ではないかと思う。これと関連して、メラニー・クラインの「理論」についてよく言われるのは、子どもはクライン派であるということである。つまり、クラインの言っていることがいかに奇妙で途方もないように思えようとも、子どもの振る舞いをよく見ると、彼女の記述していることがよく当てはまるように見えることが多いのである。この点について、例証するために、私自身の臨床観察について述べてみたい。

事例は、ここで仮にA君と呼ぶ、六歳になる男の子で、学校での集団行動に馴染めず、暴れ始めると手がつけられなくなると言う理由で、クリニックにやってきた。私が子どもに週一回の遊戯療法、女性の同僚が両親に並行面接を行っている。次に挙げるのは治療開始後約半年経ったセッションの記録の要約である。私のした解釈は、ほとんど省略してある。

A君は父親に連れられてやって来る。受付するときに、A君は受付の中の女性の事務員に向かって、鉄砲を撃つまねをして「撃ったぞ」と言う。

私が待合室に行くと、母親はまだやって来ておらず、Ａ君は少しためらった感じで、「怖い。怖い先生や」と言う。彼は父親にプレイルームに行くように促されると、「いやや」と言い、「平井先生は、平田先生と結婚しているんやで。名前似ているもん」と言う。彼はしばらくして何とか、待合室を出ていき、私たちのとは別のプレイルームの前を通るとき、「平井先生あの部屋のオモチャ何があるか教えて」と言う。私はこれには答えないが彼はそれ以上尋ねてこない。

プレイルームの中に入ると、Ａ君は、さまざまな玩具で私を叩こうとするので、それは止める。うろうろし、いくつかのものを手に取るが、全体的に落ち着かない感じがする。箱庭の砂箱に行って、砂に「戦車の跡をつけて」、それを私に見せる。私は「Ａ君の前にこの部屋使った子どもがつけた跡のことが気になるのかな」と言う。Ａ君は、「ここで戦争があったんや」と言う。そして布でできた刀を手に取り、私に「先生、戦争好き？」と尋ねる。私がどう返すか考えていると、「好きって言うて」と続ける。「好きだとしたらどうする」と、私が答えると、Ａ君は私を刀で叩く。Ａ君はさらにうろうろして、ちり紙を持ってきて、私に、「先生、目つぶっていて」と言う。私は彼に何をするつもりか尋ねると、私の診察のようなことをやりたいようである。しかし、Ａ君は実際には、手にしたちり紙を私のシャツの襟首からなかに入れたいように見える。

次にＡ君は、〝宝箱〟を持ってきて、「これ欲しいか？　欲しいと言って」と言う。「欲しいとしたら？」と私が言うと、Ａ君はそれを私に渡す。すると私は泥棒と言うことになり、Ａ君は刀で攻撃をしてくる。私は、「今日はＡ君、平井先生はＡ君の大事なものを取っていく泥棒やと思うんやな。それでやっつけなあかんと思うんやな」と言う。次にＡ君は宝物をもってプレイルームの中にある小さな部屋の部分に行く。Ａ君は私にその小部屋の外の窓から覗き込むように言う。私は泥棒を捜している警察のようである。それから、Ａ君は私に部屋に押し入るように促す。Ａ君は食事中を襲われる。しかし、今や私はＡ君にとって、警察なのか泥棒なのか分からない。私は、「そうか、食事しているのに急に警察が入り込んで襲ってくるんやな。警察か泥棒か分からへんな」と言う。Ａ君は刀二本で反撃してくるが、私にＡ君の刀を奪うように言い、二本とも私に渡す。

この後、A君は、砂箱の方に行く。箱の真ん中に丘のようなものを作り、固める。棒を真ん中に立てる。そして、砂を外側から少しずつ取り、〝泥棒〟の分と自分の分に分配していく。A君は棒を貪り食うような仕草をする。次に、私と交代で砂を丘から少しずつ取っていく、山崩しのゲームに誘う。私は、これに従う。A君が触れたときついに棒が倒れる。A君ははさみを持ってきて、「出っ張っているところ切るねん」と言って、丘の出っ張ってる部分をはさみで切る。次に、パチンコ台の方に行き、「平井先生キスしたことある」と聞いてくる。A君は私と交代でパチンコを撃っていく勝負に誘う。A君の方が先に玉が入ると、「一対ゼロや」と言う。ここで終了時間となる。部屋を出てから、A君は廊下の黒板に落書きをする。

大人になった私たちにはほとんど思い出せないことであるが、子どもであると言うことは一般に言われるほど幸せに満ちたことではない。無力な子どもは、ほぼ全面的に大人に頼って生きている。子どもにとって大人は生命の源泉であり、力の源である。ところが、大人は同時に子どもにとって不可解な謎に満ちた存在であり、子どもが立ち入れない領域が存在する。その謎の核心が、自分という存在を生み出した、両親の性関係であり、それは大人の創造性の源泉と言える。つまり、子どもの生は大人の生み出すものに頼っているわけであるが、子どもはその秘密を手に入れることはできない。それを自分の支配下に収めることができないのである。

クリニックに来たA君は、自分が知ることを許されていないこと、つまり受付の内部やセラピストが他のことに使う別の部屋、さらにセラピストの性関係に強い好奇心を向ける。この好奇心は、両親の性関係という次元だけでなく、母親の体とその内部にいると想像されるペニスや赤ん坊という部分対象レベルでも表現されている。ピストルや刀の主題は、A君の好奇心は母親の体へと侵入するものになっただけでなく、自分のペニスによって母親の体の中の父親ペニスや赤ん坊等のライバルを攻撃するという形をとったことを示している。さらに、攻撃は肛門期的（ちり紙をセラピストの胸に入れる）・口唇期的（棒を食べる）等の形をとっている。

母親の体、ペニス、赤ん坊という言葉を別の言葉に置き換えて話を進めてみよう。母親の体は、そこにおいて生命が発生する、あるいは何か生命付与的なことが起こる空間または器である。しかし、子どもにとってそこへのアクセスは、限定されたものであり、本質的には自分の支配下におくことができず、想像力によってのみ維持される、謎めいた空間である。それは、母親の心とも言いうるだろう。子どもが母親の心の中に自分の居場所があると感じるのは重要なことである。母親が目の前にいて、自分と関わっているとき、子どもは自分が母親の心の中にいると感じることができやすくなるが、目の前にいないとき、さまざまな疑惑や不安が頭をもたげる。それは、母親の心や体が父親や他の子どもに占拠されているとか奪われてしまったとかいう空想である。心理療法の設定は、セラピストへのアクセスに関して一定の限定がつけられ、以上のような葛藤を意図的に喚起することで明確に扱えるようにできている。それは、転移によって、セラピストの心のなかに占める自分の居場所をめぐる葛藤という形をとる。この葛藤の解決は好奇心や学びたいという欲求が抑制から解放されることも意味する。この意味でA君は、母親の心、そしてセラピストの心に占める自分の位置をめぐって、さまざまな疑惑と不信を強く持ち、侵入的・攻撃的なあり方によって彼の好奇心や学びたいという欲求は不安に彩られているように思われる。

次に、母親の体の中にあると想像されるペニスは、力の源泉であり、母親の身体の内部にあって、生命の創造を可能にするものということができる。それは、科学技術のように本質的に中立的なものであり、生命付与的にもなれば生命破壊的、つまり破壊兵器にもなる。赤ん坊とは、そこで生み出される生命そのものあるいは成長そのものである。クラインの言うエディプス状況とは、母親の体とペニスが結びついて赤ん坊を生み出すことをめぐっているわけであるが、それは子どもの心の中で内在化され、同一化された場合、子どもの心の中で生じる成長そのものの原動力となる。したがって、エディプス状況をめぐる葛藤こそ、まさに子どもが自分の中で成長へとむかう格闘の核心なのである。すなわち、子どもが自分の内的世界で父親と母親、あるいは母親の体とペニス（あるいは乳房と乳首）が創造的に結びつき子どもが生み出され，その子どもを育てていくことを許容する程度に応じて，その子どもの心は成長していく。しかし，子どもの心は，一方で外的環境に影響され，他方で自分自身に備わった内在的な破壊性によって，そのような心の中の両親対象の創造的活動を妨害する傾向がある。たとえば，母親の独占権を限定する父親＝ペニスや，自分の取り分を減らす他の子どもに対して嫉妬や怒りを持つ。あるいは，自分がそのような不確かなものに依存することそのものが耐えられない子どももいる。どのような理由にしろ，内的世界の中で父親を攻撃すれば，父親は恐ろしい懲罰的な警察官や残酷な強盗として帰ってくる。そして，その子の心の中で，母親や子どもを守る有能な父親という対象は消え去り，その程度に応じてその子は自分の能力を創造的な方向に向かわせる力に疑いを持つ。つまり，破壊的なことしかできないと感じ，その子の有能感は著しく減少するだろう。また，母親の体内にいると想像される他の子どもを攻撃すれば，現実場面での子ども恐怖が生じるだけでなく，その子の生命のエネルギーそのものが阻害される。なぜなら，他の子どもとは生命そのものを意味するからである。

このセッションでのA君は概して，自分の力だけで，すなわち自分のペニスで，問題を解決しようとしている。ところが，子どものペニスは，生命ではなくせいぜい破壊を生み出すだけである。それは自分の破壊性を制御できない者が科学技術を持ってしまい破壊兵器だけを生み出している状況のようなものである。さらに，以前のセッションでも見られたように，A君は他の子どもがセラピストに会っていることやプレイルームを使っていることに腹を立て，プレイルームやセラピストを攻撃するだけでなく，明らかにそれらの子どもを心の中で殺したいという願望を示している。たとえば，彼は直前のセッションでは，入室するなり，「あ，赤ん坊の死体があるぞ」と言ったものであった。先に述べたセッションに続くセッションでは，A君はプレイルームへの入室を渋った。彼は，プレイルームには壊れた玩具しかないと言った。次のセッションでは，A君は私と一緒に字を書いたり，何かを作る方向に進んだ。実は彼は学校で，字を書く際にかなりの抑制があることが指摘されていた。このセッションで、彼は少しだけであるが、私に字の書き方を尋ねたりして、助けを求めた。

クラインは、子どもが成長へと向かう際の苦しみの中心的なものとして、抑うつの痛みを挙げた。それは大事なものを壊してしまったことに伴う痛みであり、自分にとって大切なものである母親や父親や他の子どもを、大切であるのに（あるいは大切であるがゆえに）壊してしまったこと、自分の中の怒りや嫉妬を制御できなかったゆえに壊してしまったことの痛みである。クラインは、この時の子どもの大切な動きとして、壊れてしまったものを何とか修復したい、何とかよいものを生み出したいという償いの気持ちの重要性を強調している。そして、償いは大人の助けを借りて初めて実現可能であり、行きつ戻りつしながら少しずつ達成されるのである。それは、エディプス葛藤を生き抜くことでもあり、本当の意味での学び、そして心の成長を可能にするものなのである。

メラニー・クラインのエディプス状況や抑うつポジションの考えは、このように子どもの臨床のありふれた一場面に表現された子どもの不安や痛みに満ちた成長への格闘を、共感を持って理解する重要な手がかりを与えてくれる。クラインは、子どもの不安や苦しみを真剣に受け止めること、そして子どもの視点からどのように世界が見えるか考えることを私たちに教えてくれるのである。メラニー・クラインの「児童分析」の仕事は、このように、大人の私たちの意識からはるかに隔たった子どもの住んでいる世界を、そのままの姿で私たちが受け止める手助けをしてくれる。

最後に、このメラニー・クラインの理論と実践の持つ衝撃が、日本の臨床の現場の中で、すなわちクライエント、臨床家の集団、そして個々の臨床家によって、どのように受け止められるかということについて考えていきたい。

メラニー・クラインの弟子のビオンは、コンテイナーとコンテインドという着想を発展させ、例外的な個人またはアイディアと集団との関係を、神秘家とエスタブリッシュメントとの関係として概念化した（Bion, 1970）。集団は、その成長のために、革新的な個人すなわち天才または神秘家を必要とする。しかし、同時に集団はそのまとまりや同一性の維持のために，エスタブリッシュメントを形成する必要がある。ビオンは，彼の言う破局的変化をめぐる葛藤を，エスタブリッシュメントと神秘家との葛藤として捉えた。神秘家は，集団に創造的な変化よりも，破壊的変化をもたらすかもしれない。それゆえ，エスタブリッシュメントは，神秘家を破壊したり，あるいは神秘家に相応の地位を与えることで無害なものに変化させようとするかもしれない。逆に，すべてがいい方向に向かえば，エスタブリッシュメントと神秘家は，互いに益する形で，すなわち互いの成長を促す形に結びつく。

ビオンがこの着想において念頭においているのは，社会と精神分析との関係，さらに精神分析協会と精神分析との関係のみならず，分析家と患者という個々の精神分析カップルという集団と変化をもたらす考えとの関係，さらに集団に喩えられる個人のパーソナリティの既存の組織と革新的なアイディアとの関係ではないかと考えられる。

私は，クラインの衝撃が日本の臨床の現場でどのように受け止められるかという先の問いは，エスタブリッシュメントと神秘家との葛藤として考えられるのではないかと思う。以前私は，メラニー・クラインという西洋人が西洋の文化の中で培った理論と実践法を，日本の臨床に取り入れることについてどう考えるかという問いを受け，私の考えでは，彼女の諸発見は根本的に普遍的なものであり，問題は，文化という器の相異であろうという主旨のことを述べたことがある。しかし，他方で，おそらくクラインの考えは西洋のごく一部では有効な結果をもたらしたかもしれないが，この日本の文化・社会とは相容れず，臨床的に有益なものをもたらさないであろうという考えもあるだろう。

この問題は，具体的な個々の臨床場面では，クライエントが，私たちがクラインの考えを用いたときに感じる違和感や脅威と結びつくかもしれない。すなわち，クライエントの属する社会およびそのなかに生息するパーソナリティにとって，セラピストの存在やアイディアは，助けというよりも脅威となるかもしれない。実際，いわゆる解説書などの形で薄められたクラインのアイディアと違って、クライン本来の着想や技法は、日本という国の中にあるさまざまなレベルのエスタブリッシュメントにとって、異質で、脅威となる可能性のあるものと思われる。

しかし、一体臨床的に有益ということ、クライエントに有益ということはどのようなことなのだろうか？　いくつかの点で、クラインの考えは、何が有益かということに関する、エスタブリッシュメントの考えに対しても、革新的な側面を持つと思われる。これを、日本のセラピスト、臨床心理士のエスタブリッシュメントという観点から考えてみよう。たとえば、臨床実践ということを取り出すと、寝椅子を使った毎日分析や子どもそれぞれに玩具を準備する遊戯療法の技法は、日本の平均的な臨床家の、週一回の対面法、玩具を共有するプレイルームの使用などの技法と大きな違いがある。しかし、そのような表面的な相異よりも分析的設定、特に分析的態度というものが、平均的な日本の臨床家の態度、日本の臨床家のエスタブリッシュメントの考えといかに異質であるかということを、しばしば私は感じさせられる。最初に述べたように、メラニー・クラインは、真実は心の糧となるというフロイトに始まる分析的態度の最も忠実な継承者と言えるだろう。そうすると、問われているのは、このような分析的態度や理論は、日本の臨床家やクライエントにとって有害なものなのか、あるいは利益をもたらし、臨床の理論と実践を豊かにし、逆に精神分析理論もそれによって発展するのか、ということでもある。

おそらくこの問いへの答えは、最終的には、個々の臨床家が、あるいはクライエントが、この潜在的に人を動揺させるアイディアにどのように関わるかということに掛かっていると私は考える。

文献

Bion, W.（1970）Attention and Interpretation. Hogarth Books. 福本修・平井正三訳「注意と解釈」『精神分析の方法Ⅱ』法政大学出版局

第8章　言葉を用いて考えること

一、心の真実を覆い隠すものとしての言語行為

精神分析的心理療法において人は何をするのか、といえば、それは心について話し合うというしかない。しかし、それが何を意味するか、実際に体験した人でないとわからないかもしれない。実のところ、心理療法に来る人の大半が、自分に心があることを十分に気づいていないように思われる。彼らは、歴史や出来事については語るが、心については語っていないことがほとんどである。しばしば、つらい、しんどい、怖いと表現されることは、一見そうとみえる気持ちの表現というよりも、むしろその人がまだ自分の中にあると気づいていない、あるいは気づくことを恐れる、いまだ知られざる気持ちが出現することを食い止める「蓋」に過ぎないのかもしれない。

このように、大人のクライエントの言語行為のほとんどは、特に精神分析的心理療法の初期においては、真実を明らかにし、それを伝えるというよりも、それを覆い隠し、蓋をする行為である。言語は、このように、多くの場合、人が社会と自分自身に「適応」していく中で、自分自身の心の裸の現実を覆う衣服のように身にまとわれているだけでなく、その衣服こそが現実と感じられている場合もある。

確かにかつては、「腹を割って話をする」という表現に見合うコミュニケーションが掛け値なしに存在しえたのかもしれない。初期の精神分析は、心のうちにたまっていたものを話すことで吐き出す「おしゃべり療法(talking cure)」が心を癒すと考えた。実際フロイトは、クライエントがこのようにして語ることで明らかにしているのは、幼児期の現実の外傷体験であると断定し、それが心の病の原因であると考えた。このとき、彼は心という現象を、歴史や出来事と十分に区別していなかったと言える。しかし、すぐに彼は幼児期の性的虐待体験が心の病の原因そのものであるという考えを放棄し、クライエントの語ることは必ずしも実際にあったことを意味しないという転回を行った。このフロイトの変更は、幼児の性的虐待の現実とその帰結を訴える、現代の心的外傷論者に痛烈に批判されるわけであるが、心理療法における語りを実際の出来事から切り離してみる視点の確立、言葉を用いた心の探究という点では偉大な一歩となった。クライエントの語ることが実際の出来事であるかどうか、ということには心理療法士は関わらない。それは、それが重要でないということを意味するわけではない。もし性的虐待が事実である可能性が高く、かつクライエントが子どもで現在その虐待者と関わりがあるとすれば、児童相談所や警察に連絡を取るなど然るべき処置をする必要があるし、クライエントにとってそれが最も必要な援助であるかもしれない。しかしそれは、心理療法そのものの仕事ではない。心理療法が関わるのは、そのような出来事がそのクライエントの心にとってどのような意味があるのか、である。その意味は「事実」と必ずしも対応しないかもしれないし、対応する必要もない。「事実は小説よりも奇なり」というが、私たち心理療法士の実感は、「人の心は『事実』よりも奇なり」ではないだろうか。私たちが真に関心を持つのは、出来事の事実ではなく、人の心という謎に満ちたものなのである。事実を知ることは心の世界に奥深く入っていく出発点でこそあれ、終着点ではない。このフロイトの転回以来、その人固有の心の現実は、外的現実とも共有された現実とも言える「事実」に対比して、「心的現実」として概念化されてきた。

言語は、共有された現実と主に関わっているので、その人固有の心的現実を表現し、伝えるのにかならずしも適していているわけではない。特に、精神分析的心理療法の初期においては、クライエントも心理療法士も、一般に受け入れられた語彙体系、表現を用いざるをえないが、それは多くの誤解を生んだり、誤った方向に導く可能性がある。心理療法が進む中で、心理療法士がクライエントの固有の語彙体系を熟知していくだけでなく、治療者とクライエント双方の間で共有される語彙体系が形成されていき、詩を紡ぎだすのと同じように、言語行為は心的現実について話し合うのにふさわしいものに変容していく。

二、考え、語る場としての心理療法

近年、ウッディ・アレンの映画にみられるように精神分析の繁栄を謳歌しているように思われたアメリカ合衆国において、その凋落は著しくなっている。多大の費用と時間をかけてもその「効果」についてははっきりしない精神分析的心理療法に対して、保険会社はもはや以前のように無条件でその費用を支払うことはなくなる一方、その「効果」の「科学」的根拠を明示する薬物療法や認知行動療法が優勢になってきているようである。(5) このような状況になってきて初めて、精神分析とは何か、ということはより明確になってきているように思われる。治療の「効果」測定に用いられる「科学」的方法は、本性的に物理的現実を扱うために発達してきたものであり、物理的現実は心的現実とは異なるものである。

「心の病」と呼ばれるものは、現在の身体医学で体の病と呼ばれるものと同じではない。身体の病においても、特定の症状だけにとらわれるのではなく、体の全体性、心身の全体性を考慮する視点があると思われる。体の不調は、身体のほかの部位との関係のみならず、その人の生活や生き方など、その人の全体性と関わるかもしれない。それ以上に、「心の病」における症状は、その人の全体性において捉えられる必要がある。心の不調は、その人が自分自身について、自分の心について、自分の生き方や世界観について考え直すきっかけなのである。そしてそれが、精神分析的心理療法が提供することである。心理療法は、行動を変容すること、すなわち「症状の改善」そのものではなく、自分の心について話し合い、考えていくことに主に関わる。「効果」といった場合、何が効果であるのか、実はそれほど明らかではない。たとえばバスに乗ると息苦しくなり乗れないというような比較的明確な症状で苦しんでいる人がいるとしよう。バスに乗れるようになれば、その人の問題は解決したと言えるのだろうか？

バスに乗れるようになりさえすれば、と当人は主張するかもしれない。そして仮にたとえば認知行動療法によってその人はバスに乗れるようになるかもしれない。それからその人はどうするのであろうか。再び元の生活に戻るのであろうか？　しかし、「バスに乗れないこと」は「元の生活」を再考し、別の生活、別の生き方を模索するきっかけではなかったのか？

私たちが通常精神分析的心理療法によって提供するのは、忙しくて考える暇のない「日常」、すなわち考えなしにこれまでの生き方を続けることを一時的に中断し、それについて距離をおいて考え話し合う場である。つまり、行動するのではなく、反応するのではなく、考え話し合うことを目的とする場である。

以上の観点に依拠しながら、フロイト以降の現代の精神分析が逆説的に明らかにしてきたのは、考え、話し合うということがいかに難しいかということであり、心理療法の場は実際のところ、いかに行動し反応する場にいつの間にかなってしまうかということである。クライエントは心の変化を求めて心理療法にやって来るが、実際に生じるのはその変化に抗うためにあらゆることをし続けることである。クライエントは、行動し、反応するのではなく、考え話し合うことに同意するが、実際のところ、行動し続ける。一見考え、話しているように見えることは、実は、治療者にある役割を取らせ、その人の対人パターンを反復し、何も考えない状況を作り出そうと

（5）精神分析的心理療法がエビデンスを出していない、というのは一種の都市伝説のようなものと言っておきたい。精神分析的心理療法のエビデンスについてはShedler（2010）、Midgley et al.（2011）を参照のこと。

する行為かもしれない。たとえば、クライエントは、治療者がクライエントに対して批判的なことを言わせるような内容のことを語るかもしれない。もし治療者がこれに乗せられてしまい、クライエントに対して批判的なことを言いはじめるとすれば、心理療法の場は、考え、話し合う場ではなくなり、誰かが誰かを非難する場になってしまうかもしれない。そして、それがそのクライエントが今まで繰り返してきた対人パターンなのかもしれない。その場合、心理療法は、クライエントの心の真実を明らかにするというよりも、それを覆い隠し、考えなしの行動と反応を維持し続けることに寄与するだけになってしまっているのである。

三、コミュニケーション以外の行為としての言語行為

フロイトは、催眠という暗示行為をやめ、心理療法における行為を言語的コミュニケーションに限定した。それは先に述べたように、行動するのではなく、考えるということの意義を重視したからである。考えなしに行動したり反応したりするのではなく、行動と反応を一時的に中断すること、そうすることで自分の心の現実は次第にみえてくるのである。しかし、実際のところ、人はこれを非常に嫌う。何もせずに考えるだけ、話し合うだけ、ということが難しい。したがって、話すという行為はしばしば、相手に自分の気持ちを伝えるというコミュニケーションではなく相手に何かをしている、あるいはさせるという行為に変えられているということは先に見たとおりである。

心理療法を求めてやって来る人のほとんどは、初期のフロイトのように、決定論者であり、自分の生育歴や環境によって自分の「心」の状態が決定されていると感じている。心的現実は、歴史や出来事とは別の存在であることに気づかない。あるいは、考えることや感じること、そして話し合うことは、行動することや反応することとは異なることに気づいていない。心理療法の目的は、ある意味でその違いを知っていくことでもある。つまり、

心の現実は、外的現実とは異なること、したがってそれから自由であること、そしてそのような心的現実に対して個人は責任を持っていること、である。この目的との関連で、心理療法においては、言語行為がコミュニケーション以外の行為として出現する現象に注意を払う必要がある。特に、病理的に重いと考えられるクライエントにおいてそれが当てはまる。その具体的な形態をいくつか見てみよう。

一三歳になる男の子のクライエントＢ君は、床に落ちている細かいくずなどを非常に恐れるという症状を持ち、心理療法を受けるようになった。彼は、それらのくずが毒を持っており、自分に有害なのではないかと恐れ、学校で何もできず、学習は滞り、友だちもできないでいた。心理療法の中で、Ｂ君は、絵を描き続けた。その絵は、ロボット戦士や人間の兵士が互いに闘うというものであった。その戦いは次第に陰惨になり、戦士や兵士たちは細かい断片になるまで徹底的に破壊された。毎回彼は心理療法にやってくると、そのような絵を描きそして去っていった。それは、描画という象徴表現、そしてコミュニケーションをしているというよりも、彼の中の破壊性を文字通り紙の上に吐き出しそこに置いていこうとしているように思われた。このようにして、Ｂ君は一見非常に行儀よい自分を保っていたように思われたが、その背後には強烈な破壊性があることは明らかであった。私がこのことについて話し始めると、彼はいつも嫌がり、何度か、まるで私の口から、ミサイルか何かが飛び出してきたかのように、よけた。実際、彼は人の口から何かが出てくる絵をいくつも描いていた。この少年にとって、この段階では、憎しみや怒りといった感情は、感じられ、そしてことばによって相手に伝えるものではなく、具体的なものとして吐き出されるものと感じられているようであった。その状態では、テレビアニメの『はじめ人間ギャートルズ』のように、ことばは、コミュニケーションではなく、床に落ちているくずと同じく、相手を攻撃する物理的物体であるかのように感じられているようであった。

別の例を挙げよう。

一一歳の男の子のクライエントC君は、小学校で気に入らないことがあると手がつけられなくなるほど暴れるということで心理療法にやってきた。C君は、しばしば学校にいても母親のことが気になり、家に電話していた。また、彼の暴力的発作は、一対一で面倒を見てくれる教師がいないときに起こった。C君は、心理療法の中では、粘土遊びをしたが、粘土はしばしば、ミニカーなどを覆うことに用いられた。粘土に覆われたミニカーは動けなくなり、粘土に絡み取られているように見えた。彼は心理療法のセッションの間話し続けることが多かった。それは、一見想像力に満ちているようであり、私はその意味について考えようとするが、実際にはイメージは次々に語られ、私はそれについて考えるというよりも、奇妙に自分の心が動かなくなっていることに気づかされた。このとき、C君は、私を彼とは別な存在として認めず、粘土がミニカーを覆ったように、ことばによって私を覆い動けなくするために言語行為を行っていたように思われた。

C君の事例は、改めて、コミュニケーションとしての言語行為は、自分とは別な存在としての相手を認めることが前提であることを考えさせる。気持ちをことばで伝えるということは、相手が自分と異なる人であること、そして自分も他の誰とも異なる心を持つことを認めることを前提としているのである。その前提が崩れている時、言語行為はコミュニケーション以外の行為として用いられている。

これは実は、B君の事例にも当てはまる。B君も、母親と密接すぎる関係にあった。しかし、それ以上に、彼は自分自身の内部の破壊性を認めることができず、外側にあるものにしよう（投影と呼ばれる過程）と試みる中で内側と外側、自己と他者の間の境界があいまいになり、他者は自己の一部のようになってしまっていることがその最大の要因であるように思われた。

四、治療者の言語行為

以上述べてきたことは、クライエントの言語行為について当てはまるだけでなく、治療者の言語行為についても当てはまる。実際、治療者が治療的にクライエントの役に立つのは、自らの言語行為について吟味する参照枠を持ち、それを常にモニターし、チェックできているかどうかにかかっているといってもよいかもしれない。すなわち、自らの言語行為が、真実を明らかにするというよりもそれを覆い隠すために用いられていないか、そしてコミュニケーション以外のことを行っていないかという観点である。

精神分析的心理療法の治療者になるためには、自らが精神分析を受ける必要がある。その自らの分析を通じて、治療者は、裸の自分自身に向き合い、何よりも、精神分析的心理療法における対話が、他のどのような対話に比べようもない、比類のない価値のある、興味の尽きないものであるという経験をしながら、自分の心について考え話すことを学んでいく。それと同時にその難しさについても、すなわち自分を含めて人はいかに自分自身に向き合うことを恐れ、それを覆い隠すために「考え」「語る」かについても学んでいく。一言で言えば、言葉を用いて考えることの力とその危険を学んでいく。このことを通じて、精神分析的心理療法の治療者にとって、真実を明らかにし、それを伝えるという意味での言語行為は、自分自身であることの一部となっていく。

精神分析的心理療法は対話であり、その対話の主題はクライエントの心である。しかし人の心は常に誰かとの関係でその姿をあらわにする。そしてこの場合、その誰かとは治療者である。したがって、心理療法において、治療者は、クライエントの経験について考えるだけでは十分ではなく、自分自身の経験についても細心の注意を払う必要がある。実際のところ、長い時間をかけて話し続けていることの意味は、この過程を通じて、治療者は、クライエントであるということはどういうことか、身をもって体験していくことにある。これは、通常逆転移と呼ばれる現象である。

精神分析的心理療法において、行為は、考えることと話し合うことに、従属する。しかし、この心理療法の営みは、考え、話し合うことが、クライエントの変容（そして時として治療者の変容）につながることを目指すものである。したがって、治療者は、逆転移の中で、行動し、反応するかわりに考え、話すように努めるわけであるが、その言語行為は最終的にはクライエントの行為に、すなわちクライエントの生き方の変化につながる性質のものでなければならない。そしてそのような言葉は、究極的には治療者自身の生き方に結びついた言葉、治療者自身の変容と関わる言葉でなければならない。

文　献

Bion, W.（1984）Seven Servants. 福本修訳『精神分析の方法Ⅰ』法政大学出版局、一九九九、福本修、平井正三訳『精神分析の方法Ⅱ』法政大学出版局、二〇〇二

Midgley, N. & Kennedy,E. (2011) Pychodynamic Psychotherapy for children and adolescents: a critical review of evidence-base. Jounal of Child Psychotherapy. pp. 1-19.

Shedler J.（2010）The efficacy of psychodynamic psychotherapy. American Psychologist. 65 (2): 98-109.

第9章　精神分析的心理療法における「共感」の意味
――A personal response

一、個人的経験から

私は、心理療法の事例を討議するなかで、共感という言葉を用いてはならないという決まりができないかと夢想している。それは、共感するとかしないとかいう言説が、心理療法実践の中で有用な臨床思考を生み出すことがない、不毛なものであることがほとんどのように思われるからである。なぜなら大抵の場合、共感する＝いいこと、共感しない＝悪いことという図式が私たちの臨床思考を縛っているだけのように見えるからである。「ねばならない」式の思考は私たちが臨床場面で自由に感じ考えることにとって大敵である。にもかかわらず、概念道具としての共感概念は曖昧でそれを用いることで新しい見通しが得られることはないし、現象がより鮮やかに記述されるということもないように思える。であるから率直に言うと私は、基本的に百害あって一利なしに思える共感という言葉は、精神分析的心理療法実践に役立つ臨床思考や理論の言説の中から消えるべきものであると考えている。ちなみに私は、「なおす」とか「なおる」という言葉も精神分析的心理療法の実践を討議する際の語彙から消え去った方がよいと思っている。こうした言葉は、私たちが精神分析臨床実践をする際に必須の自由な思考を阻害する働きを持つ言葉ではないかと思う。

　では、私は臨床家として共感という概念や言葉を否定するのかというとそうではない。とても大切な何かを表現していると思う。これは、愛情という概念や言葉と似ている。私たちが私たちのクライエントを愛しているのかいないのかという言説は、事例検討会の討議の中でなされない方がよいと私は基本的に考える。しかし、愛情の問題は、私たちのクライエントとの出会いの経験の中でとても大切なものと関わっていることも否定できない。

　セラピストになろうとする人の大半は、何らかの個人的理由で自分自身が「愛情」ある母親や「共感」的な援助者でありたいと思っている人たちだと思う。私が日本の大学の大学院で臨床心理学を学んでいたときに随分窮屈に感じたのは、私自身がこうしたセラピスト像という先入見に違和感を持ちつつも、それから逃れられずにいたからである。私がそのように窮屈なところから解放されたと感じ始めたのは、ロンドンのタビストック・クリニックで精神分析の訓練を受け始めたことが大きかったと思う。それまでの私は、先に述べたような「愛情ある母親」や「共感的な援助者」という、本当はなれもしないものにならなければという思いに縛られていた。そこには、心理療法はクライエントを治すものであり、心理療法が治す力は、セラピストの愛情や共感に由来するという考えがあったと思う。しかし私がタビストックで学ぶ中で気づいていったのは、精神分析実践は治すことを主眼とした営みではなく、考えていくこと、理解していくことが中心となる営みであるということであった。つまり、クライエントを理解し、セラピストとクライエントとの関わりの中に起こっていることを理解すること、そしてセラピスト自身の心の中に起こっていることを理解していくことが、精神分析の営みの中核なのである。それはクライエントを治すことを目的とするのではなく、クライエントの成長を目的としつつも、実際に成長していくのはクライエントであり、セラピストはそれを手助けしているだけなのである。

　私はこのことを理解することでとても解放されるように感じたし、またクライエントのこと、そしてクライエントとの間で起こることを「考えたい」「知りたい」という気持ちが自分自身の中に強くあることに意を強くしていった。私はこうした営みがとても面白く感じられたのであった。こうした実践では、クライエントへの愛情だけでなく、憎しみや不快感や退屈さといったセラピスト側の感情経験を、価値判断なく自由に探索することが許容される。共感的感情だけでなく、非共感的な拒絶や嫌悪などの感情も、そのものとして議論の俎上にのせることが可能である。こうした事態は、セラピストが吟味し、探索することのできる自らの感情空間が大幅に拡大されることを意味している。心理療法にやって来るクライエントは自らの感情経験の、ある部分が受け入れられないか、そもそも感情として持つことが難しくなっている人々である。私たちセラピストが、共感という頸木の中に閉じ込められ、そのほかの多くの感情を経験し、考えることができなければ、とても役に立つ関わりはできないのではないだろうか。

以上のような私の精神分析実践の理解の形成に大きな影響を与えた出来事が一つある。この出来事については、すでに拙著（平井、二〇〇九）に書いたが、それは八歳になる自己愛的な女の子との心理療法で起こったことである。その女の子メアリーは、心理療法が進む中で、私をとても不愉快にさせることを毎回のように言い続けた。彼女は非常に頭がよく、微妙な、しかしとてもいやらしい言い回しで、私の容姿や人種についての劣等感を効果的に引き起こすようなことを言い、別のセラピストに代わって欲しいと言うのであった。私は次第に彼女とのセッションが近づくととても気が重くなり、正直やめてくれないかと思う部分も出てきた。こうした事態に私は危機感を持ち、指導教官であったアン・アルバレズ（Anne Alvarez）先生に臨時のスーパービジョンをお願いした。そのスーパービジョンで報告したセッションで、メアリーは、セッションの途中で不意に「私のこと好き？」と不安そうに私に聞いてきたのであった。私は、その時どうしてよいかわからず何も答えられなかった。もちろん、「君は自分が私に好かれてないいんじゃないかと心配になったんだね」と、いわばルーティン的な精神分析的解釈もできたかもしれない。しかし、そのときの私は、それを言うことは、私が、自分自身の心を率直にみれば彼女のことが好きとはとても言えないどころか、不快に思っていることを隠ぺいすることのように思え、それはしなかった。しかし、逆に私が彼女を不快に思っていることを伝えるのは、セラピストとして不適切に思えたうえに、自分が嫌われているのではないかと不安に思っている子どもに対してひどいことをするように感じたことが、何も言えなくなった原因だったと思う。

このセッションでのやり取りに対して、アルバレズ先生は、私が「あなたは私に好かれるようにはふるまっていないね」と言うことができたと指摘された。そして、こうした子どもたちは自分がやっていることが人を不快にすることは十分わかっており、そのことに正面から向き合わない関わりをセラピストがすれば、セラピストはこうした子どもの抱えている問題に立ち向かえない弱い存在としか見えないだろうという主旨のことを話された。私は、間接的にではあるが、彼女の振る舞いは私を不快にさせるものであることを明確にする、こうした関わりをアルバレズ先生が示唆されたことに驚くとともに、強く印象付けられ、精神分析臨床に関する考えを大きく変えていった。それまでの私はやはりどこかでまだ、自分は受容的で共感的でなければならないという縛りを受けており、受容的でも共感的でもなく、嫌悪と怒りを感じている自分を持て余していたのだと思う。さらに、おそらくは好かれていないのではないかと不安に思う部分が、不快な気持ちを相手に排泄し続ける関係を作り出し維持しようとする態度を取っていることに直面することの痛みを、メアリーにつきつけることを恐れていたのではないかと思う。それはとりもなおさず、私自身の子どもの部分が抑うつ的な痛みに直面できないことに起因していたのではないかと思う。

こうした分析に関する私の考えを決定的に方向づけた経験は、やはり同じくアルバレズ先生にスーパービジョンを受けていたある黒人の青年期の少女との心理療法のセッションでの経験である。このエピソードについても、私は既述した著書の中で書いたが、それは、夏休み前のセッションの終了時のできごとであった。さまざまな虐待を受けて育ち、家族からも蔑まれていた、その知的障害の少女アンは、私との心理療法の中でも、マスターベーションをしたり、勝手に部屋を出ていったり、私の体に触ろうとして来たり、愚かでふざけた振る舞いをし続けていた。その日のセッションでもアンはふざけた振る舞いをし続け、終了時にはペンを持って帰ると主張し私の制止に耳を傾けようとしなかった。なんとかペンを部屋に置かせ、彼女をドアの外まで連れて行くことに成功したとき、彼女はふと真剣な顔になり私をしっかりと見つめた。私は彼女の瞳にそれまで誰にも見たことのない深い絶望の色を見て取ったのであった。このとき私はこの愚かで汚らしいようにしか見えない黒人の少女の心に始めて本当に触れ、そして向き合えたように感じた。私はアンがかわいそうだとも、厄介者であるとも、汚らわしいとも感じなかった。そうではなく、私は、アンの生きている生の事実は、私の生の事実でもありうるものであり、私の人生を構成している根本的な条件と関わっていることに気づかされたのであった。知的障害で、家族から蔑まれ、愚かな振る舞いをし続けるこの黒人の少女が生きる人生と私自身のそれとが共通する現実に触れたことは、私にとって驚きであり目を開かされる経験であった。アンに向き合うことは、自分自身に向き合うことでもあることを私ははっきりと理解したのであった。それは大げさな言い方をすれば啓示のような経験であった。

二、共感的理解の営みとしての精神分析

精神分析は自分自身の知らない自分を知っていくこと、すなわち無意識の解明を目指す営みである。それは一人で成し遂げることのできない営みであり、他者の力を借りる必要がある。それが分析的対話であり、分析的関係である。分析家や分析的セラピストは、こうしたわけで、クライエントを理解する必要がある。しかし、アンとの経験が明確に示したのは、アンを理解するためには、自分自身を理解する必要があるということなのであった。つまり、アンの生きている生の現実は、根本的には私自身の生きている生の根本的な現実と同じであること、アンの生は私自身の生の現実でもあることを認め、そして自分自身に向き合う必要があったのである。このような意味で精神分析は本質的に共感的理解を基盤にした営みであると言うことができるだろう。

こうした精神分析の記述には多くの注釈をつける必要があるように思う。まず、精神分析は自分自身を知る営みであると述べた。しかし、フロイト以降クラインを経て精神分析は、「自分自身を知る」ということから、自己の統合へとその目標が大きく変わっていった。すなわち、自己はさまざまな部分から構成されており、そのような自己が統合されることを目指すわけである。このような変化の意味することは、たとえばアンのような被虐待児や自閉症児との精神分析実践に目を向ければ歴然としている。こうした子どもたちへの精神分析的心理療法においては、狭い意味での洞察を目指すわけではない。このような子どもが分裂排除している自己の部分、自分自身その存在に気づいていない部分とのつながりを作り上げていく仕事が主なのである。たとえば、アンは、自身の中に隠れていたより思慮深く考えることの部分を活用できるようになっていった。こうした意味で、ポスト・クライン派精神分析においては、自己のさまざまな部分をまとめることのできる器という視点が重要であり、コンテインメントという概念が精神分析の実践の中心になっているのである。

もう一点注釈をつける必要があるのは、「クライエントを理解する」というものである。私がアンを理解したと言った場合、それは知的な理解ではない。それはむしろ、アンの生きている現実を私の生の現実の中にはっきりと感じたと言った方がよいだろう。この点について考えていく際に、ビオンの仕事は大いに役立つ。彼は、誰かについて知っているということと誰かを知っているということとを区別している（Bion, 1962）。誰かについて知っているということは、知的な理解を指すのに対して、誰かを知っているということは、その誰かと関わりその誰かそのものを経験していることを指している。これが端的に言えるのは、母親が赤ん坊を知るということである。精神分析的心理療法において、セラピストがクライエントを理解していくということは、こうした意味で、クライエントについて知っていくというよりも、クライエントを知っていく過程であるとみなすことができる。ビオンの仕事はさらに、誰かを知っていくことの基盤は結局誰かを夢見ることであることを示唆している。つまり、クライエントを理解するということは、クライエントを夢見ることであるというわけである。

私は、自閉症児への精神分析的心理療法を実践している。それはしばしばよくて見当はずれ、悪くて非倫理的な実践とみなされている。私は、最初に述べたように、共感という言葉は嫌いであるが、自閉症への精神分析的アプローチの本質は共感的理解であると考えている。それは、その特定の自閉症の子どもを夢見ることを目指すアプローチであり、そうしてその子どもが夢を見ること、すなわち象徴的思考が可能になることを目指す営みなのである。

三、精神分析的心理療法における共感的理解に関する覚書

ここでは精神分析的心理療法における共感的理解に関して重要と思われる点をいくつか挙げていきたい。

1　共感的理解の基盤としての投影同一化

精神分析的心理療法においてセラピストは基本的に受容的なスタンスを取っていく。「受容」というのは、クライエントからの投影を受け止め、心の中に留めることができるという意味である。このように精神分析的心理療法においてセラピストがクライエントを共感的に理解できる基盤は、セラピストの受容的態度によってクライエントがセラピストにさまざまな心の部分を投影同一化することにあると言えるだろう。

メアリーとの心理療法では、私は自分が不適切で追い出されるべき人間であるという気持ちを彼女から投影され続けていた。このような感情を投影と理解することは役立ちうることはあるが、実際にしばしば起こることは、メアリーとの間で私に起こったように、セラピストにとってそのような感情がとても現実的に感じられてしまうという事態である。私はメアリーのことを子どもとはもはや感じられず、小さな悪魔のように感じ始めていたし、またメアリーが騒ぐことで、タビストックの中で働く数少ない有色人種のスタッフとして周りに対してどこか迫

害的に感じ始めてもいた。こうした状況で必要になるのは、セラピストが、自分自身に起こっていることを受け止め考えることができることである。すなわち、逆転移について考えることができる必要があるのである。これはよく語られることであるが、実際にはとても難しいことである。この難しさが、分析的心理療法を行うには、自分自身がまず分析を受ける必要がある理由のひとつなのである。また既に述べたように、「共感が大切」というような臨床概念は、心に起こっていることをありのままに受け止めるという、何かを本当に理解することのできるために必要な態度を取れなくなってしまうという点で、有効な臨床思考を阻害するものであると言えるだろう。

2　パーソナリティのさまざまな部分と「兵糧攻め」

先に共感的理解は、セラピストがクライエントの投影を受け入れることが基盤であると述べた。しかし、一見すると別の側面もあるように思われる。すなわち、セラピストの方が、積極的にクライエントがどのように感じているか、どのような経験をしているのか感じようとする側面である。別の言い方をすれば、クライエントに積極的に同一化することを試みる部分である。こうした姿勢は通常私たちセラピストが意識的に試みる部分であることは確かであり、臨床家一般に必要な姿勢と言ってよいだろう。しかし、これも詳細に吟味してみると、こうした活動をセラピストがする場合に、クライエントの経験そのものではなく、セラピスト自身の色付けでクライエントの経験を理解してしまう場合と、クライエントの経験そのものに開かれようとする場合とに区別できることがわかる。前者は、セラピストによるクライエントの投影的理解と言えるし、後者は、受容的理解と言えるだろう。すなわち、精神分析的な態度においては、結局意識的にはセラピストはクライエントに能動的に同一化するように努めていても、そこには受容的な姿勢が維持されているのである。

フロイトが示唆しているように、精神分析的心理療法においては、セラピストは、より受身的で、平等に注意を向ける必要がある。しかし、実際には、上記のように、セラピストは、クライエントが提示するものに意識を向け、それを共感的に理解しようと試みる。つまりセラピストは意識をクライエントが提示するクライエントの特定の部分に集中しがちなのである。それは、クライエントが自分と思っている部分か、自分だと提示したい部分であることがしばしばである。ところが、フロイトやクラインが示したように、人間のパーソナリティにはさまざまな部分があり、自分が自分だと思っている部分はごく部分的なものである。こうしたことは精神分析の基本的な知識であるが、実践面では多くの場合、こうした前提に立った実践を行うことは難しく、多くの臨床家は、クライエントの特定の部分に同一化し、他の部分に目が行かないか、あるいはクライエントが共感してほしい部分に共感し、他の部分を無視してしまうという羽目に陥っているように思う。

さらにこうした実際面での臨床状況の問題に目を向けていくと、非共感的な態度の重要性ということに行き当たる。クライエントのパーソナリティはさまざまな部分から成り立っているが、私たちセラピストは、それらすべてを共感的に理解することはできないし、する必要はないだろう。そのため、まずあまりにも目に付きすぎる部分に引きずられ、他の潜在的には重要な部分の探索が阻まれてしまうことを避けるためにも、目に付きすぎる部分は受容しない、すなわち非共感的な態度をとることが考えられる。さらに、境界例やある種のパーソナリティ障害のクライエントとの心理療法においては、非受容的非共感的なスタンスを取ることが大切な場合があるように思われる。それは、こうしたクライエントの病理の中核にある万能感や倒錯的な部分はしばしばセラピストの共感や受容を言わば餌にして増大していくからである。そして、そのクライエントの中にあるかもしれない、より共感的・受容的な関わりを必要とする乳児的部分は隠されたままになってしまう恐れがあるのである。このような状況で、私はよく「兵糧攻め」に喩えるスタンスを取る必要があると考えている。つまり、セラピストは、ある種のクライエントの万能感や倒錯的な部分に対しては、共感や受容を控える兵糧攻めで対抗する必要があるのである。

3　精神分析過程に没入すること

精神分析的心理療法においてセラピストはクライエントからの投影に開かれ受け入れるスタンスを取ると述べたが、それは、別の視点で言えば、クライエントの内的世界が転移－逆転移という形で展開していくスペースを作り上げていくと言うことができる。この事態をさらに別の言い方で言えば、コンテインメントを提供していくとも言える。クライエントからのさまざまな部分や感情の投影を通じてセラピストにはさまざまな逆転移が引き起こされる。その際にクライエントの特定の部分に心理療法のスペースを占拠させないように留意していく必要性は先に述べたとおりである。こうして精神分析的心理療法において、セラピストは、転移と逆転移の展開していくスペースを維持しつつ、そこで生じるプロセスに没入していくことになる。それは実際にさまざまな情動経験に開かれていくことでもある。それらはクライエントを知っていくことに不可欠なプロセスであり、こうした経験の中でそれを考えていくこと、そして理解していくことが精神分析的心理療法における共感的理解のプロセスであると言えるだろう。

四、精神分析的心理療法と共感

最後に理論的な吟味を一、二点しておきたい。先に述べたセラピストが分析的設定を作り上げ、分析プロセスに没入するということは、クライエントにとって、中に入るという側面と交流するという側面があると考えられる。私は別のところで、[6]こうした二つの側面は、クラインの妄想分裂ポジションと抑うつポジションに対応すると指摘した。理想的対象の内部にいるという感覚と、自分とは異なる誰かと交流しているという感覚はどちらも共感される経験の二つの軸であると考えられる。これらは、誰かと経験を分かち合うという事態の二側面であり、おそらくトレバーセン（Travarthen et al. 1996）のいう一次的間主観性と二次的間主観性にそれぞれ対応すると考えられる。このように外側から精神分析的状況を眺めてみれば、そこには間主観的経験の二様態が内在的に組み込まれた構造をみてとることができるだろう(7)。

一方いわば内側からみればそれはどのような事態であろうか。先に私は共感的理解とは、究極のところクライエントを夢見るということではないかと論じた。つまりそれは知的な理解ではなく、経験を共有しそれについて考えることに基づく理解なのである。ビオンは、夢をみること、彼が言うα機能は自己の機能ではなく、内的対象の機能であると示唆している（Bion, 1962）。とすると、つまるところ、クライエントの共感的理解は、セラピストの自己がするわけではなく、内的対象がする仕事に基づいていると言えるだろう。これは何も、奇をてらったことを言っているわけではない。子育ての際に、赤ん坊を共感的に理解するときに、本当に頼りになるのは、「赤ん坊の気持ちを分かってあげなければならない」といった意識的努力ではなく、自分自身が誰かの心に本当に受け止められ考えられた経験、今現在も心の中に生きている、その誰かではないかと思われる。そしてそれは究極的には無意識的なものなのである。その誰か、すなわち内的対象との関わりにとって、「共感しなければならない」といった考えは邪魔にしかならない。なぜなら、意識的な自己はあるがままの感情をすべて内的対象に開いていき、それについて考えることを内的対象にゆだねる必要があるのに、「ねばならない」という感情はそのような自由なスペースをゆがめてしまい、よい内的対象の代わりに迫害的な対象、超自我との関わりを強めてしまうからである。

精神分析的心理療法においては、自由なスペースが必要であり、そこで〈ありのまま〉の心の状態が観察され、それが考えられる必要がある。セラピストは、そのような事態が成り立つような努力、すなわち分析的設定とそ

（６）拙著『精神分析的心理療法と象徴化』（岩崎学術出版社）および本書第11章を参照。
（７）この点については、第11章で詳しく論じる。

の維持、とりわけ分析的態度の維持に努める必要がある。そしてその背景に、分析過程と内的対象への信頼がある必要がある。こうした条件が整ったところで、結果的に起こる事態が精神分析的心理療法における共感的理解であり、その逆、すなわち共感をしようという意識的努力によってなされる理解ではないというのが私の考えである。

文献

Bion, W.（1962）Learning From Experience. Heinemann, London. 福本修訳『精神分析の方法Ⅰ』法政大学出版局、一九九九

Trevarthan, C., Aitken, K., Papoudi, D. & Robarts, J.（1996）Children with Autism: Diagnosis and Interventions to Meet Their Needs. Jessica Kingsley, London. 中野茂、伊藤良子、近藤清美監訳『自閉症の子どもたち』ミネルヴァ書房、二〇〇五

第10章　解釈を考える

一、はじめに

1　解釈と「意味の陰影」

精神分析といえば解釈を行うということがもっともよくイメージされることのように思われる。解釈は精神分析に関心のある人の中では、魔法のような治癒的な力を持った呪文のように捉えられている場合もあれば、情け容赦なく人の心を切り刻んでいく外科医のナイフのように見られている場合もあるようである。精神分析に批判的な人にとれば、それは、精神分析家と名乗る、勘違いした人間が見当外れのコミュニケーションを哀れなクライエントに強いるものと捉えられているかもしれない。

精神分析コミュニティ内部の言説に目をやればどうであろうか。精神分析コミュニティ内部ではしばしば、「解釈が入った」とか「解釈が利いたようだ」という言い回しが用いられているように思う。逆に「この解釈は早すぎる」とか「解釈をしすぎている」といった表現も頻繁に使われる。

ビオンは、しばしばある言葉や概念が「意味の陰影」(Bion, 1962）を帯びすぎて本来意図された意味と異なったさまざまな意味合いが付加されてしまい本来の意図された意味合いが埋もれてしまう危険性について指摘している。よく知られているように、たとえば「原－象徴機能」といった言葉ではなく「α機能」といった言葉を用いているのはそのためである。ここまでみてきたように、「解釈」といった言葉はたくさんの「意味の陰影」を帯びすぎているように思う。簡単に言えば、あまりに手垢にまみれた言葉のように思われる。それは精神分析の文脈の中で特権的な地位を持ち続ける言葉であり、いわば「徴つき」の概念であるとも言える。

2　解釈行為への反発

さて、こうした具合に「解釈」という概念は考えにくいものであると言えそうなのであるが、別の角度からこの「解釈」についてみてみよう。私自身の個人的経験の中で、この「解釈」という言葉はやや苦い響きを帯びるところがある。それは私が事例提示をする際に、私がした解釈に対する批判、反発である。それはしばしば解釈することそのものに向けられているようであった。これは特に子どもの心理療法の分野において顕著なように思う。タビストックの訓練を終え、帰国した後に、何度か日本の学会や研修会等で事例を提示する機会があったのであるが、ほぼ例外なく、「子どもにこんなことを話すなんて！」といった驚きとショックの沈黙に続いて、猛烈な敵意と反発を向けられることが常だったように思う。私もずいぶん驚いたのは、メラニー・クラインのことを聞いたことのない人ならともかく、しばしば精神分析を勉強し実践もし、対象関係論もよく知っていると自任している方々からも同様の反発を示されたことである。私のしている「解釈」というのは、クラインのしていたような「ハードコア」の解釈に比べれば至極穏当な、ポスト・クライン派的な解剖学用語抜きの解釈だったので私の驚きもひとしおであった。まるで、こうした自称「精神分析を専門」にしている方々は、クラインが書いていることは本の中だけのことであって、まさか本当に実践するなんてことは考えもしなかったかのように見える。つまり本に書いてあることと、実践とは別であり、実践は実践で別の原理に基づく必要があると考えているかのようであった。

こうした事態にはさまざまな理解の仕方があるように思う。たとえば、書いてあることと実際とは違っているのは当たり前であるというスタンスを、第二次世界大戦後の憲法をめぐる日本社会の二重性という社会病理と関連付けることもできるだろう。あるいは、精神分析臨床で何が起こっているか、特に解釈については、実際に自分自身が分析を受け、また実践している人しかなかなかわかりにくいものであると論じることもできるかもしれない。なぜなら、この国の分析臨床家の多くは自分自身が分析を受けたことがないからである。しかし私は、精神分析実践を公衆の前で発表することに不可避な問題が存在するという視点からこの事態をみてみたい。

3　プライベートな関係性における詩作行為としての解釈

以前別のところ（平井、二〇〇九）で書いたように、私がロンドンから帰国して、タビストックで行っていた心理療法の事例を初めて臨床心理士の会で発表した時の経験は、「ブラック・スワン・グリーンの公立中学校で詩の朗読をした」ような経験であった。『ブラック・スワン・グリーン』というのは、デイビッド・ミッチェルというイギリス人の小説家が書いた、北イングランドの文化的に荒涼とした地域の公立中学校で詩を書いている少年の話である。その少年は、文学や芸術なんてものは「ゲイ」のすることであると蔑まれる社会の中でいじめを恐れ、詩を書いていることを隠し続けていた。彼の詩は、両親の不和や自分自身の吃に関わるものであった。

十数年前に私が発表したこの事例の一節の中で、その後ずっと私の心の中に残っており、折に触れ考える部分がある。それをここに引用してみよう。それは毒を恐れて何もできなくなっていた、B君[8]という一三歳の少年との二年半に及ぶ週三回の精神分析的心理療法の、結果的に最後となったセッションである。彼は二年半の心理療法のほとんどのセッションで描画をし続け、多くの場合私を排除していた。

（8）第8章のB君と同じ男の子。

［以下、私のした解釈の内容は、すべて〈　〉で表記］

第二〇五回（九七年七月一八日金曜日）　B君は、セッションの前にトイレにしばらく入っている。B君はやはり玩具箱を二人の間に置き、以前に描いたドラキュラの絵に何か修正を加えている（素材①）。〈僕は君が何を描いているか見てはいけないことになっているようだね〉等と私が話し始める（解釈①）と、彼は抗議するような声を上げる（反応①）。〈僕が喋るのがいやなんだね。僕が口を開けると君は何かミサイルのようなものが飛んでくるかのように感じるのかもしれない。〉（解釈②）彼はまた、抗議の声を上げる（反応②）。〈ドラキュラの絵について言えるのは、彼は戸口のところに立って、出てきたいのかどうか不確かそうに見えることだね。〉私はまた、〈おそらく、君はまた私が何を言うかということ、つまり、さあ、さよならを言うときが来たねと私が言うことを恐れているのかもしれない〉と付け加える（解釈③）。彼は新しい絵を描き始め、私にそれを見せる（反応③）。それはドラマ『Xファイル』の『誘拐』というエピソードのタイトル画である（素材②）。〈僕がそのエピソードで覚えているのは、異星人にスカリーが誘拐され、体に何かを入れられることだね。〉「首だよ。」（反応④）沈黙。〈ドラキュラというのは何をするかというと、彼は犠牲者の首に歯を突き入れる……ドラキュラは生き残るために誰かの血を吸い取る。〉（解釈④）私の中に、何かがはっきりと形をとりつつある感じが強まり、私はそれを次のように彼に伝えた。〈赤ん坊は、おっぱいからミルクを吸い取る。けれど、赤ん坊の中には、混乱し、自分はおっぱいから血を吸っていると感じる者がいるかもしれない。すると、その赤ん坊は抱っこされおっぱいが与えられたとき、自分の口に何か入れられたと感じ、怖くなるかもしれない。〉（解釈⑤）B君は抗議の音を立てる（反応⑤）。〈僕が言いたいのは、君は赤ん坊ではないし、僕は君の母親でもない。しかし、おそらく君は自分がここや僕から何かを得たいと思うとき、まるで僕やこの場所から血を吸い取っているかのように感じるかもしれない。そして、君に何かが与えられたとき、話すなどの形で私が君に何かをあげたとき、君はまるで自分の口に何かを入れられたように感じるように思う。けれど、実際は君はここから何かを得ているわけだけど……〉（解釈⑥）私は以上の言葉を、彼が持って帰るか、置いていくかは彼次第だという気持ちで述べた。彼は、同じ『Xファイル』のタイトル画を描き始めた（反応⑥）。〈君は人生で、小さい頃から何度も病院に行ったり、恐ろしい、嫌な、怖い経験をいっぱいしてきた。それらが君のXファイルだと思う。つまり、Xファイルは君がそれらを入れておくところだと思う。〉（解釈⑦）彼は、その絵を私に見せた（反応⑦）。その絵には再び『Xファイル　誘拐』と書いてあった（素材③）。私たちが何かある核心的な経験に近づいているように私には感じられてきた。私はいつにないリアルさをともなって、その「X」が、（おそらく実際に）彼の経験した訳の分からない恐怖そのものを指し示しているように思われ、「誘拐」というのが彼がかろうじて可能なその言語化（包容）のように感じられた。〈君が私に見せてくれているのは、君が赤ん坊の時に何が起こったかだと思う。その時、君は誰かに抱き上げられ、そして本当に怖い思いをしたように思える。〉（解釈⑧）彼は、急いで二枚のXファイルの絵を屑籠に捨てる（反応⑧）。〈たぶん、今はこのことはあまりにも恐ろしく、考えられないようだね。〉（解釈⑨）彼は三枚目のXファイルのタイトル画を描き私に見せる（反応⑨、素材④）。

私にとってこのセッションがとても印象的だったのは、私が最後にした解釈（解釈⑧）が私にとってはとても不思議な経験であったからである。それは奇妙な感情経験でもあった。私は自分が、まさしくこの少年という人間のいわばエッセンス、あるいは私とこの少年との間で二〇〇時間以上もの間に生じていたことのエッセンスを感得したかのように感じたのである。いま読み返してみると、分析的な目からみればありうる解釈の一つであり、どちらかというとものすごく創造的な解釈のようにも思えないところがあるのだが、おそらくその特異さは私がこ

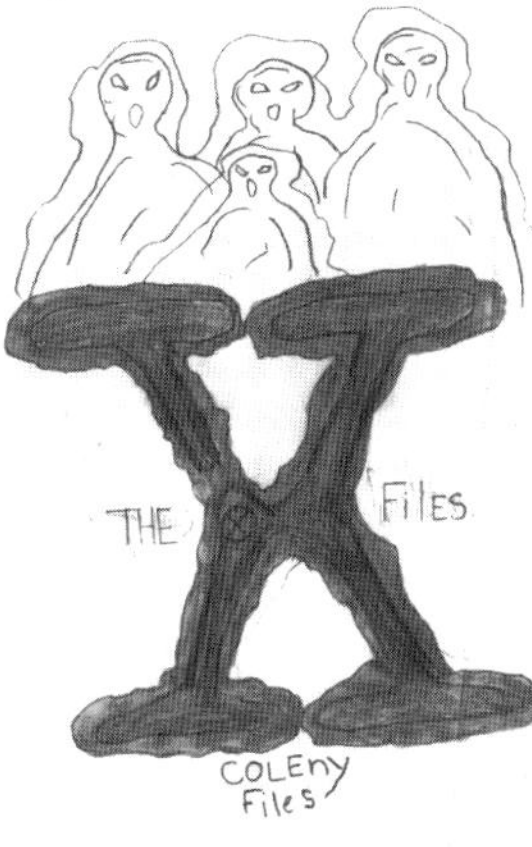

描画（素材④）

の解釈をしたときに感じたリアルさと強い確信という情動的背景にあるように思う。そしてそのような情動を私がなぜ感じたかは理屈では説明ができないのである。この点についてはのちにまた触れることにして、この事例提示が多くの臨床心理士に無理解と敵意によって迎えられたことに戻ろう。

繰り返すが、この少年は、床や机に落ちている小さなごみくずやシミが毒ではないかと恐れ、それによって自分は死ぬのではないかと恐れ何もできないでいた。これを強迫観念であるとか、被害妄想的不安であると分類するだけでなく、一体彼は何を言っているのか考え始めると何も分からないことに思い至る。心理療法の中で彼は話すのではなく、絵を描くことで自分が何を問題にしているのか示し続けることになった。それらは大変暴力的な関係性や断片化した人間たちや阿鼻叫喚の地獄絵の連続であった。そして次第に彼は描画行為から私を締め出し、私は治療者として必要なものは何も与えられず放置されるという経験を味わうことになった。私の「解釈行為」はほとんど物理的に侵襲的なものとみなされているようであり、治療的相互作用の生命線であるコミュニケーションのチャンネルは断たれたままであった。私が彼の世界、そして今となっては私と彼の世界について考え続ける存在として、この精神分析的飢饉という状況を生き残ることが最大の課題になってきたのであった。それは具体的には、解釈すべき素材が不足している状況の中で彼への生きた関心を保ちつつ、解釈すべき素材が表れたときには、反発や無視にめげずに解釈し続けるということであった。こうした経過の中で、彼は城の中にいたドラキュラが戸口に佇み、外に出ようかどうかためらっているように見える絵を毎回のように書き始めたのであった。そして、もう一つの描画の主題が、当時放映されていた『Xファイル』というテレビドラマであった。

引用したセッションにはこのような背景があった。私とB君との二〇〇時間あまりの交流という文脈の中でしか、このセッションの中での私の解釈を理解することはできないのである。しかし、私とB君との間で何が起こっていたのかを「外部」もしくは「公衆」に伝えることは、初回セッションの時に何に困っているのか私に尋ねられ、「毒にやられるのかと思って怖いんです」というしかなかったB君と同じように非常な困難を伴うことのように思われる。

私は、この「いわく言い難いもの」こそ精神分析状況のエッセンスであり、解釈行為の源ではないかと思う。つまり解釈行為は、このいわく言い難い治療関係という母体から生起するものと思われる。これがどういうことかについてはこのあとに吟味していくことにし、ここでは精神分析実践における解釈は公衆の面前という事態に対比される意味でプライベートな性質を持つ関係性の中から生じるということ、そしてそれはそのような関係性の中に具現される、「いわく言い難いもの」を言葉で表現する試みという意味で詩作に比すことができるかもしれないということを指摘するに留めたいと思う。ここでなぜ「プライベート」という言葉を用いているかというと、私たちが精神分析実践の中で関わるのは、公的に受け入れられた経験とはかけ離れた、それぞれの個人に固有の、誰とも分かち難い経験であるからである。そしてそのような風変わりで、簡単には人に共有されがたい経験をともに味わい考えていく試みこそが精神分析的経験であると私は考える。

二、解釈の基盤——科学としての解釈行為

解釈は詩作行為としてみることができるのではないかと述べたが、そうすると精神分析は芸術行為に比することのできる営みであるとみてよいのだろうか？　この点に関して、メルツァー（Meltzer, 1983）は、精神分析は「芸術‐科学（art-science）」であると述べている。私は、彼のこの考えは精神分析という営みの性質を最も的確に表したものであると考える。精神分析は芸術であるとともに科学的営みでもある。今日精神分析はどちらかというと「科学」的な立場から批判の矢面に立たされているようにみえるが、私は、精神分析は科学的であることを志向するものであるし、そうである必要があると思っている。その最も基礎となる部分は、〈明確に規定されたフィールドの観察に基づいて仮説や理論はその妥当性が検証される〉という枠組みであるといってよいだ

ろう。そして、〈明確に規定されたフィールド〉とは、精神分析的設定の中に立ち現れる治療的相互作用という現象であるし、観察の方法は精神分析的観察、すなわち自らの心を用いた参与観察であるということができるだろう。

精神分析の知の骨組みをこのように捉えることができることを最も如実に示している分析家の一人として、メラニー・クラインを挙げることができるように思う。一九三二年に出版された『児童の精神分析』(Klein, 1932)の中の「第一章　児童分析の方法」「第二章　早期分析の技法」のなかで彼女は明確に解釈の妥当性をどのように検証するのかを示している。これらの章の中で彼女は、解釈の妥当性は、分析家が解釈をしたのちに、子どもが遊ぶことの抑制から解き放たれること、より自由に空想を遊びの中で展開させることができるようになることで証明されると論じている。遊びに表される主題が、解釈ののちにより展開されるか、補足されるとするならば、その解釈は妥当であったと判断されるのである。

メルツァーは、解釈はそれが正しいかどうかではなく、面白い（interesting）かどうかが重要であると述べている（Meltzer, 2002, p.42）が、こうしたクラインの考えを基盤にしていると思われる。私は別のところで、このクラインの考えを基にして、解釈は〈解釈のもとになる素材（B素材）―解釈―解釈後の素材（A素材）〉という連鎖を吟味することでその妥当性が検証されることに注意を促した（平井、二〇一一）。このとき、〈解釈への反応とみなすことのできるA素材が、解釈によって浮き彫りにされたB素材の主題をより深めるか展開しているとみなすことができるかどうか〉が基準になることを指摘した。その際、しばしばB素材とA素材では、表現の「モード」もしくは「位相」と私が名づけたものの移行に注意を払う必要があることも指摘した。事例素材を挙げてみよう。これは私がグループスーパービジョンで聞いた事例素材である。

児童養護施設に暮らす八歳の男の子D君の心理療法の一場面。長期休み前の最後のセッションである。D君は最近のセッションでしばしば行っている動物のフィギュアをボウリングのピンのように並べてボールで倒していくという遊びを繰り返している（素材1）。しかし、スコアの付け方は失敗を一切無視してどんどん加算していくやり方でスコアの数字はどんどん大きくなっていく（素材2）。セラピストが、D君は休みを前にしてエネルギーをここで貯めていこうとしているのかもしれないと解釈する。D君はそんなことまったく考えてないと言い、いいこと思いついた、と別の遊びに移っていく。彼は、紙を半分に折り、ホッチキスを手にしてがむしゃらにそれを留めていく（素材3）。セラピストは何かを貪り食っているイメージを抱く。彼はすぐにもう一枚の紙を取り出し、今度は半分に折った紙をホッチキスで留め袋を作る（素材4）。彼はそれを持って帰ることを主張する（素材5）が、セラピストに止められ、置いていく。

素材1と2から、このセラピストは解釈する。その解釈への言語的・意識な反応は否定的なものであったが、それとは別にこの子どもは素材3から5という表現をする。「エネルギーを貯めていく」という主題は、素材3において、貪り食うという攻撃性を伴った口愛的欲求というかたちでより原始的・乳児的な水準での空想の表現に姿を変え出現している。そして素材4においては、袋＝コンテイナーの必要性という形を取り、素材5においては具象的な何かを持って帰ろうとするという形になっているように思われる。こうした点を踏まえると、素材4においてホッチキスで留めることで守られた内部空間を作り出すという空想は、素材1でみられた、動物フィギュア＝他の子どもを蹴散らすという空想と対をなすとも考えられる。そして素材3の貪り食う歯＝ホッチキスは他の子どもや母親の体への攻撃であるとともに、この子どもを脅かす他の子ども＝歯とも考えられる。それは素材5でみられるように、休みの間に脅かされる不安から身を守る具体的なものを必要としていると感じているかもしれないという理解に至る。

こうした主題の理解の深化は、それぞれの素材の「モード」の変化、すなわち象徴表現の媒体の変化（動物フィギュアから紙とホッチキス）だけでなく、「位相」の変化、すなわち象徴表現から非象徴表現への移行（「点数を貯める」という表現から「実際に持って帰ろうとする」という表現への移行）に留意することでなされると私は考える。そしてこのように解釈の前後の素材の展開をみていくと、解釈によってこの子どもが表現している主題はより深まり、展開しているとみることができ、ここでの解釈は妥当であったと判断できる。

ここで、別の視点でこの事態を眺めてみよう。この事例素材において、セラピストの解釈は素材３から５への展開を促しているとみることができる。そしてそのような展開はセラピストによる子どもの理解を深化させる可能性を持つものであった。子どもがセラピストにより深く理解されるということは、同時に子どもがより深く自分自身を理解することのできる可能性とつながる。このような展開には、ビオンのいうＫの働きをみてとることができるだろうし、またメルツァーが解釈は面白くある必要があると述べることで言い表そうとしている事態であると思う。つまり、解釈は素材を展開させるかどうかによってその妥当性を検証される必要があるわけであるが、それは精神分析過程の展開の原動力である、Ｋを活性化するかどうかということでもある。

このように解釈の妥当性については、観察に基づいて判断するという科学的基礎があるとして、そもそもセラピストがある特定の解釈に達するのはどのようにしてなのだろうか？　そこに同じような科学的な基礎があるのだろうか？　それともそれはよくて何か「職人」芸的、もしくは「芸術家」的な直観的なものであり、悪くて恣意的なもの、あるいは疑似宗教的な教義のような胡散臭いものに過ぎないのであろうか？

クラインは、この点においても、解釈の妥当性の問題と同様にそこには科学的態度、すなわち観察に基づく論理的推論という手続きがあるという姿勢を示している。たとえば、「児童分析に関するシンポジウム」（Klein, 1927）のなかで、二台の車を衝突させていたらそれは両親の性交を表すとするような類の、乱暴な象徴解釈を行っているのではないかというアナ・フロイトの批判に対して、それは「誤解」であるとし、以下のように答えている。

子どもが何度も繰り返し（しばしばそれは玩具を使った遊び、水遊び、紙を切り抜く遊び、描画などさまざまな媒体にまたがっている場合がある）同じ心理的な主題を表現しているとしましょう。そして、そのうえで、それが、反動形成の表現である過剰補償をしているように見える遊びや不安という形で表れる罪悪感を伴っているとしましょう。そして、このような状況で私がこれらの間の何らかのつながりへの洞察に至ったとしましょう。そのとき私はこれらの現象を解釈し、それを無意識と分析状況に結びつけるのです。（日本語版 p.176　拙訳）

つまりクラインは、車を衝突させている＝両親の性交を表すというように、何でも子どもの遊びを精神分析の理論概念に当てはめるということをしているのではなく、注意深く子どもが遊びを通じて表現している主題は何かと考え続け、遊びと遊びの間のつながりに注意を払い、子どもの表情から読み取れる感情、特に不安に注目し、表現というものの背後の力動的な機微を見抜いていくことで原光景空想とそれにまつわる不安という洞察に至ったと主張している。しかしながら、実際の遊びの流れから「二つのものがぶつかること」と不安や罪悪感とのつながりを認めることが「科学的態度」としては妥当であるとしても、そこから原光景空想を推論することは大きな飛躍があるように思える。別の言い方で言えば、クラインの言う「洞察」は科学的態度を基盤にしているとは言えるかもしれないが、逆に科学的態度だけからは導き得ないように思えるのである。

先の引用のすぐあとにクラインはこう続けている。

解釈の実践的理論的条件は大人の分析と全く同じなのです。（前掲書）

つまり、彼女がここで述べている解釈に至る過程というのは、アナ・フロイトの父親の言っていることと全く同じなんですよ、というわけである。それではフロイトはこの問題にどうアプローチしているのであろうか？この点について検証するために、先に引用した彼の娘とクラインとの論争の一〇年ほど前に発表された彼の最後の詳細な臨床論文である「ある幼児神経症の病歴より」（Freud, 1918）に目を向けてみよう。「狼男」としてよく知られているこの臨床論文は、重症の強迫神経症の青年が幼児期に見た狼の夢の分析を巡って進んでいく。窓の外を見ると木の上に数匹の狼が座っているのを見てびっくりするという、この夢についてさまざまな連想を詳細に、いわば科学的態度で何ページにもわたって吟味したのちに、突然フロイトはこう宣言する。

> 今や私は、分析の経過にしたがってこの考察を進めていくことをやめなければならないような地点に到達した。ただ私は、それと同時に読者もまた、この地点で私に対する信頼を失ってしまうのではないかと心配している。（Freud, 1918,『著作集第９巻』p.375）

こうしてフロイトは、それまでの議論から大きく飛躍して、この夢は「狼男」が一歳半の時に目撃した両親の性交の場面を表すと断定していく。フロイトが危惧したように、私たち読者は虚を突かれ、それまでの長々とした議論はなんだったのかとあっけにとられる。と同時に、それまでの退屈な議論に辟易した読者は、がぜん興味を持って彼が何を次に書いているのか知りたくなってくるのである。

先の論争の中でアナ・フロイトは、クラインの解釈を「乱暴（wild）」であると非難したが、クラインが指摘しているようにそこには科学的態度が確かにあるのであり、それはフロイトの行っていた実践と本質的に同じものに思える。しかし、こうしてみてみると、クラインの解釈もフロイトの解釈もその核心の部分は wild であり、そしてそれが彼らの解釈の「面白さ」の核をなすと言えるように思われる。

三、解釈の核──芸術としての解釈行為

先のフロイトの引用は、私自身がB君の事例提示において抱いた感情とよく似ているように思われる。ある解釈について、その考えが形成される基盤は観察された事象の結びつきとして示すことができるのであるが、なぜそのような観察基盤からその考えに至ったか最終的には示すことができないかもしれないのである。このように一つの解釈の考えは、いわば「科学的」手続きからだけでは思いつくことはできないだけでなく、先に指摘したように妥当な解釈は「面白い」ものである必要がある。つまり、素材を展開させ、分析過程を動かしていく原動力になるような情動性を、分析カップルの心に引き起こすような力を持つ必要性があるのである。このことを私は先に解釈は詩作行為であるという言い方で表現した。こうした意味で解釈行為の核は芸術領域にあると言えるわけである。しかし、解釈を芸術としてみるといってもそれはいったいどのような事態と理解すればよいのだろうか。別の言い方で言えば、ここまで解釈の科学性を論じておきながら、解釈の基礎をこのように位置づけるのは、最終的には「芸術」という胡散臭いもので蓋をして、それがどのようにして生じてきたか問題にしない神秘主義的なごまかし、もしくは恣意的なはったりのようなものではないと言えるのであろうか？

私はこの問いの答えとしては、「言えない」しかないように思う。先に述べたように、ある解釈を公的に説明できる根拠は最終的にはないように思う。そこにはそこから先は説明することのできない「地点」があり、それは直観として述べられてきたものと関わると言ってよいだろう。しかし解釈がどのようにして生じるのか、特に直観がどのようにして生じるのかについて、量子力学のようにその「跳躍」の大まかな概略を素描することは役に立つように思う。この点で示唆に富んでいるのが、クラインがどのようにして子どもへの解釈的なアプローチに至ったかという経緯である。(9) 自分の子どもへの分析的治療教育の経験に基づいた、彼女の最初の論文「子どもの心的発達」(Klein, 1921) にそれが詳細に述べられている。末息子エリックの知的発達が思わしくないと考

えたクラインは、性的抑圧がその原因であり、子どもの性的好奇心に端を発する質問にオープンに答えていくことによって子どもの好奇心を解放することができるという当時の精神分析の考えを実践する。つまり、赤ん坊はどのようにして生まれるのかという問いに対して誠実に事実を答える、すなわち性的啓蒙でもって答えるということを実践していく。これを数カ月行っているうちに、エリックは生き生きとするようになり、このような「分析的治療教育」は成功したかのように見えた。この時点でクラインは、ここまでの経過をまとめ資格論文としてハンガリーの分析協会で発表した。その席で、アントン・フロイントから彼女の子どもへの「解釈」は精神分析的ではない、なぜなら子どもの無意識的な問いに答えていないからという指摘を受けている（Klein, 1921; Petot, 1990）。この席でクラインはフロイントの指摘に同意しなかったようであるが、その後彼女は自分のアプローチが十分でなかったことを認めることになる。つまり、しばらく経つと、エリックは次第に繰り返し同じことを聞いてくるか、クラインの「答え」に関心を持たないようになり、また遊びも貧困なものになっていったのであった。そこでクラインは、自分が即席で作った「お話」をエリックにする。これにエリックは喜び、エリック自身が自由に「お話」を展開させていった。そこで展開される「お話」は大人の夢に匹敵する内容を持ち、エリックの無意識的空想を雄弁に語るものであることにクラインは気づいていったのである。このちクラインは、先に述べたように、子どもを自由に遊ばせ、そこで表現されている無意識的空想を解釈し、解釈することで、さらに子どもの空想の表現を促すという過程に注目していった。

私は、クラインが遊戯技法実践という考えに至るきっかけが、彼女自身が即席で「お話」を作ることであったことは大変意義深いように思う。面白い「お話」を作るには夢と同じように自分自身の無意識に接近する必要がある。クラインのこのエピソードは、分析者が自分自身の無意識に接近することが、被分析者の無意識の問いに答えること、そして解釈することに必須であることを示していると私は考える。こうしてみてみると、解釈とは子どもにする「お話」であり、分析者が被分析者に関してみる夢であると見ることができると言える。

メルツァーは、夢の解釈に関する議論の中で、被分析者の夢の、分析者による解釈は、結局のところ被分析者の夢に関する分析者の夢であるとしている（Meltzer, 1983, p.112［訳書］）。さらに別のところで彼は、被分析者の夢作用（dreaming）に対する「逆‐夢作用（counter-dreaming）」という表現を用いて同様の点を論じている（Meltzer, 2005, p.182）。この点で、ビオンが「記憶なく欲望なく理解なく」という分析的な心の状態を論じる中で、夢の想起について以下のように述べていることを思い起こさせられる。

……（ここでビオンが論じている心の状態は）求められてもいないのにひとりでに心の中に浮揚してきて、来たときと同じように謎めいて去っていく夢に対比されなければならない。（Bion, 1970, p.266［訳書］）

ここでビオンは、夢は意識的な努力を超えたところから生じるものであることを明示している。つまり、解釈の核は、分析者の「逆‐夢作用」であるとして、それは分析者の意識的コントロールを超えたところで生じているものであると言えるだろう。

冒頭に挙げた私自身の経験に戻ろう。セッションの中での私の解釈は、最後のものを除いてほとんどは私が意識的に考えたものであり、どちらかというとこのB君という少年とのやりとりをもとにかなり論理的に組み立てられていたように思う。これに対して最後の解釈に関しては、意識的に組み立てているという感じはなく、むしろ大げさにいえば啓示のようにそれは突然やって来、組み立てたというよりもいきなりその全貌が一挙に姿を現したという感じが近いように思う。この点に関連して、ビオンは先の引用に続いて次のように述べている。

（9）この点に関しては、第4章において詳細に論じている。

この経験の情動的トーンは、夢に特異的なものではない。思考もまた、急にはっきりとした形で自発的にやって来、それは忘れられない明確さを伴うように思われ、そしてその後にそれは再び捉えることのできる手がかりをなに一つ残さず消え去る。（Bion 前掲書）

ここでビオンが「思考」と呼んでいるものは真実の断片であり、誰かが考えついたもの、すなわち虚偽の思考（嘘）とは対比されるものである。しかし、それは大変はかない存在であることをビオンは示唆している。実際に私の中に浮かんできたこのような「思考」を言葉で表現すること、すなわち解釈することは、「手がかりをなに一つ残さず消え去る」ことを阻む手立ての一つであるとみることもできるであろう。それは美と芸術表現との関連に喩えることができるかもしれない。

このように解釈の核の部分は、直観されるものであり、それは無意識において生成され無意識からやってくるものであるという意味で、夢／思考と捉えるとするならば、フロイトのよく知られた分析者の態度に関する一節に立ち戻ることになる。

分析医は、患者の提供する無意識に対して、自分自身の無意識を受容器官としてさし向け、話者に対する電話の受話器のような役割を果たさなければならないのである。（Freud, 1912, p.82［訳書］）

被分析者の無意識の問いを受け止めるのは、分析者の無意識という「受容器官」であるというわけである。これは、クライン—ビオンの対象関係論の流れでは、分析者の無意識にある内的対象であると言えるだろう。この内的対象こそが、解釈の起源を遡る旅が最後に到達する不可侵の領域であり、ブラックボックスと考えられるのである。それは巡礼の旅が行きつく、侵入不可の聖域であり、関数（function）の中核にあるものと表現することもできるかもしれない。このようなわけで、ブラックボックスとしての内的対象そのものを解明することはできないとして、フロイトの述べるように、受容器官としての役割を果たすようにしていくためにどのような条件が必要かは検討可能であるように思われる。そこでクラインに目を向けてみよう。クラインが息子の治療教育から分析的アプローチに移行する際、すなわち彼女が自分自身の心の中から湧き上がってくる「お話し」に触れることができるようになった背景には、フェレンツィとの分析経験が大きな役割を果たしたのではないかと私は思う。自分自身が分析を受けるという経験は、自分自身の内的対象とのより豊かな関係を作り上げていくことに寄与しうるのではないかと私は考える。そしてそれがクラインに起こったことではないかと私は推測するのである。

四、〈子育て〉の一形態としての精神分析——解釈という散文

ここまで解釈を芸術‐科学という視点でみてきた。私は、解釈は「科学」を基盤にしながらそのエッセンスは「芸術」であるという立場で話をしてきた。この二つは精神分析実践において互いに分かちがたく結びつきあっているとして、この二つを結びつけるものは何なのだろう。別の言い方をしてみると、精神分析の営みを芸術‐科学と言ってすませること、解釈をその一環と位置づけて事足れりとすることは何か本質的なものが抜け落ちているように感じられるように思う。私は、それは〈子育て〉(parenting) の一形態として精神分析を捉える視点だと考える。

私は第6章で、クライン—ビオンという流れの中で精神分析を捉えていけば、精神分析は結局ある種の修正情動経験を被分析者に提供する営みであり、ある種の育ちなおしの機会を提供していると捉えられることを指摘した。ここでは「ある種」とあいまいにしたが、それがどのような類の経験なのか、どのような類の育ちなおしなのかが決定的に重要だと考えられる。クライン—ビオンという精神分析の展開は、それは考えるという機能に特

化した形の〈子育て〉の営みであり、〈育てられ〉経験であるとみなすことができることを示している。

先に述べた「科学」的観点に戻ってみよう。そこでは、解釈によって素材が展開しているかどうかが問われている。「芸術」的観点に目を向ければ、解釈の核にある創造性が問題になっていると考えられる。それらは結局「面白い」かどうかという問題とかかわっており、「面白さ」というものは心を動かし成長させる原動力なのである。つまり、解釈的営みが向かっているのは、心の成長であり、そうした意味でそれは〈子育て〉の一形態と言える。

ここで私自身がＢ君に行った解釈に目を向けてみよう。セッション途中のものはもとより、私が詩作行為と関連付けた解釈（解釈⑧）も含めて私の解釈はとても詩的と言えるものはなく、どれもいわゆる散文的な言葉に見える。実際に子育てということを考えると、本質的にはそれは詩的な何かがあると言えるかもしれないが、日常的には散文的なものの権化のように感じられる。同じような意味で、私は日常的な解釈行為は極めて散文的なものであるし、またそうあるべきであるとさえ思う。こうした地に足をつけた視点で解釈行為を眺めてみて見よう。

まず精神分析状況の中で分析者の解釈行為はより大きな分析者－被分析者の相互交流の一部であるということに目を向ける必要がある。私は別稿（平井、二〇〇九、二〇一一）で、分析過程は、象徴的表現・コミュニケーションと非象徴的相互作用の二層から構成されているとみることができると指摘した。ここまで私が述べてきた解釈行為が意味を成すのは、象徴的表現・コミュニケーションという層においてのみであり、それはクラインの言い方でいえば抑うつポジション的心性、すなわち最も成熟した心の部分を基盤としている。〈子育て〉の一形態としての分析の目指すことは、非象徴的表現・コミュニケーションをより象徴的な表現・コミュニケーションに変容させていくことであり、それがビオンの言うコンテインメントの営みであると考えられる。この点についてはまたのちにみていきたい。

こうしたことを踏まえてみると浮かび上がってくることは、解釈行為は分析過程において、特にその初期において象徴的コミュニケーションの試みとして被分析者に捉えられているというよりもむしろ、何かをしているとみなされる傾向がある。つまりコミュニケーションではなく行為と受け取られるのである。分析者が解釈をしていると思っていることが、被分析者の内的対象関係の布置にしたがって、何かをするように示唆しているとか、従順になるように仕向けているなど、あらゆるかたちで行為の一形態とみなされる。分析者の最初の課題は、自らが行っていることは被分析者の心に関心を持ち、それを理解し、被分析者に伝えるということであることを示すことである。この時点で解釈行為は、その内容よりも、こうした点を被分析者に示すという行為の側面が大変重要になっている。つまり大半の解釈行為は、分析者が何をしているか被分析者に示す行為と考えられる。その際に重要な役割を果たすのは、描写的な解釈である。描写解釈では、分析者は子どもがどのような遊びをしているのか、あるいは大人の被分析者がどのような話をしているのかを描写する。それは分析者が起こっていることを関心を持って観察し、耳を傾けていることを被分析者に示すのである。多くの精神分析者や分析的心理療法士がタビストック方式乳児観察を経験する中で、心に関心を持つ観察者による観察は、それ自体がコンテインメントの基層をなすと考えられることが理解されてきた。描写解釈はそのような観察者、傾聴者としての分析者という存在を明確にするとともに、分析者がまず観察したことを基盤にものを考えていることをも示すことができるのである。さらに、分析者は、被分析者の心の状態について、あるいは感じていることについて推測されることを伝える。これは分析者が気持ちについて考える存在であること、そしてそれは魔法のように考えているわけでなく観察したことに基づいて考えていることをも示していると考えられる。実際の子育ての状況を考えてみよう。子どもと親との関係においてコミュニケーションが子どもの情緒発達にとって中心的であるということはできるが、ではそれだけが起こっているのかというとそうではなく、子どもは親が何をしているのか見ていく。そして、親は子どもに考えるということはどういうことなのか、コミュニケーションをするということはどういうことなのか、子どもに示しているのである。

さて、では分析者は示す以外の行為を分析状況でしないかというとそうではない。分析的設定を維持し、分析状況を作り上げるための行為をする。こうした分析の側面は子どもの分析においては明白になる。端的な状況としては、子どもが部屋を出て行こうとする場合、それを止める必要がある。それは仮に解釈という形をとっていても、本質的には止めるという行為であるとみなせる。このような明瞭な形でなくても、より微妙な形で、分析者が被分析者になんらかのことをするように仕向けたりあるいはしないように仕向けたりするということは、日常的な分析実践の現実の一端であることは間違いないであろう。こうした非象徴的相互作用という層の中で何が起こっているか観察し考えていくことが、分析者の重要な課題の一つであると私は考える。それが最終的な目標である、象徴的表現・コミュニケーションとしての解釈につなげていくことであり、コンテインメントの一環であるとみることができる。

それでは、解釈が象徴的表現・コミュニケーションと捉えられるとして、次にそれがどのような機能を持つかという視点で見ることができる。この点で、ビオンのグリッド（Bion, 1963）の横軸は示唆的である。ある解釈を、それが何かを名づけているのか（定義的仮説）、記録をしているのか（表記）、注意を促しているのか（注意）、これはどういうことか考えましょうと誘っているのか（審理）という視点で見てみることは役立つ。先に挙げた描写解釈もこうした視点でみると、定義的仮説や表記や注意や審理のどれかの機能を持つ可能性がある。このように解釈行為がどのような機能を持つかを考えることの重要性は、コンテインメントの一環として解釈行為を位置づけることでより明瞭になる。精神分析において洞察が一回起こればそれですべては変わるわけでなく、ワークスルーという辛抱強い仕事が大切であることをフロイト（Freud, 1914）が認識していったように、コンテインメントの過程は基本的に時間と手間のかかるものであることが次第に認識されている。それは一足飛びに起こらないのである。こうした点を考慮すれば、最終的なコンテインメントという目標を見越した、戦略的な視点で解釈行為を見る視点も大切になってくる。そこで、スタイナーの言う「分析者中心の解釈」（Steiner, 1993）

や私が「バックミラー技法」（平井，二〇一一）と名付けた，現代ポスト・クライン派の分析者や心理療法士にはスタンダードになっているような，被分析者にとっての分析者像や分析者にあてがわれている役割や感じさせられていることを描写する技法が重要になってくるのである。つまり，被分析者からの投影をすぐに返すのではなく，それを担い続け，その投影の中身そのものを描写することが重要であるという認識である。さらに言うならば，被分析者からの投影を担い，被分析者の経験の一部を実際に分析者が経験することなしに，コンテインメントの過程は起こらないという理解が現代ポスト・クライン派の間で共有されつつあると思われる。

ところでビオンのグリッドの横軸の一番左は行為となっているが，メルツァーは，これはむしろ「終わりのない対話（endless debate）」とするべきではないかと示唆している（Meltzer, 2000, p.10）。私がB君にした最後の解釈（解釈⑧）に目を向けてみると，それは確かに「これが，私がここまであなたに会う中で感じたあなたという人のまさにエッセンスのように思えます」というような最終性という情動的な要素を持っていたが，それでは本当にこれが私がB君に関する最終的な考えかというとそうではない。それは全く開かれたものなのである。つまり，この解釈をなした後，私の中でB君がどんな子どもであるかについての考えはやはり不確かでさまざまなほかの可能性も浮かんでくるのである。また私のこの解釈に対するB君の直後の返答は描画をゴミ箱に捨てること，すなわちセッション前のトイレで流すということと同じような，具体的に取り除いて考えないというやり方のように見える。しかしその後に彼は再びXファイルのタイトル画を描く。それが何を意味するのか，彼はどこかで私の話したことについて自分なりに考え始めたのかどうかはわからない。彼はセッションには戻ってこなかったことから，それは心理療法ごと捨てられたのかもしれない。しかしそうでないかもしれない。少なくとも，私の心の中でのB君との対話は続いているのである。

こうしたことから，現在私は自分自身の実践の中で解釈はオープンであることを心がけている。つまり，私は自分の解釈には「この時点で私はここまであなたの言っていることとふるまっていることからかくかくしかじかのことを考えさせられました」という言い方を基盤にして、ほかの考えの可能性に開かれていることを心がけている。これはおそらくフェロが「未飽和な（unsaturated）解釈」（Ferro, 2002）と呼ぶものと重なる姿勢であると思う。ただし、私は、B君との間で起こったように、分析過程のどこかの時点で、ある種の最終性、ある種の強固な確信をもった理解を持ち、それをそのように被分析者に伝えることはある。それは本当に最終的であると考えているというよりも、先に述べたような私の経験を反映した、私の表現、コミュニケーションであり、最終的な答えではなく、「終わりのない対話」への誘いなのだと思う。

五、コンテインメントの表れとしての解釈

解釈はそれによって分析過程を進展させるかどうかによってその妥当性が問われると論じたが、私のB君への最後の解釈についてみると、それをB君がどのように受け止めたか検証する機会は十分には得られなかった。しかし、それは例外的な最終性や確信の感覚を伴っていた。それは分析過程を進展させているというよりも、分析過程の進展の結果起こっているとみる方が妥当なように思われる。つまり、コンテインメントの一環ではなく、コンテインメントの結果起こっている側面が強い解釈とみなすことができるように思える。ここで冒頭のB君とのセッションを吟味してみよう。

まずセッションの冒頭の素材①はいつものB君の振る舞いであり、それに対する私の解釈①はすでにルーティン化したものではあるが、先に述べたように私が何をしているのかを彼に示し、「考え、コミュニケーションする場」としてのこの場の方向性を設定する試みではある。これに対する彼の反応①はいつものように拒絶的であり、それに関する解釈②に対しても彼はほぼ同じ態度を示す。このように彼からの非象徴的な方向性への圧力に対して私が「考え、コミュニケーションをする場」を維持する動きがあったのち、素材①に関しての解釈③がな

される。これは、反応③と素材②を生み出す。これに対して私は解釈④を伝えるが、それを行った後に、これまでの彼との関わりから私の心に保持されていたさまざまな事柄がつながっていくように感じられ、それはその後の解釈⑤、そして解釈⑥につながっていく。これに対して彼は、拒絶的な態度をいったんはとる（反応⑤）が、同じ絵を描くという反応（反応⑥）を示す。これは私に解釈⑦という考えを生み出していく。それは協力的な反応⑦を生み出し、その素材③に基づいて生み出されたのがここまで繰り返し言及してきた解釈⑧なのである。それは反応⑧という拒絶的な反応を生み出し、それに対して私は解釈⑨を行う。それはより協力的な反応⑨を生み出すが、同じ主題の反復である素材⑨をどう考えるかは、先に述べたように永遠に開かれた問いのままである。

分析過程との関連で、B君のセッションでの振る舞いをみてみよう。彼の振る舞いは、表面的な水準では拒絶的な態度と協力的な態度の間で振幅している。しかしより深い水準で見ると、描画を捨てたりするという、考えることに対して破壊的な行為と、絵を描くという分析過程に資する行為との間で振幅している。そして、私の解釈の進展、私の彼に関する理解の進展は、こうした彼の分析過程への貢献に大きく依存していることがみてとれる。それは表面的な協力的態度以上に、描画行為を中心とする彼自身の、考え、表現し、コミュニケーションする試みに左右されていることがはっきりと見て取れる。

このように見てみると、私の解釈⑧はコンテインメントの過程の成果であるとして、コンテインメント過程そのものは被分析者の貢献が大変大きく、結局それは分析者と被分析者というカップルが成し遂げていくことであるとみることができることが分かる。

自閉症の子どもへの分析実践で知られたフランセス・タスティンは、ジョンという自閉症の子どもとの分析の過程を詳細に記述している（Tustin, 1972）。このケースは、自閉症は母親との身体的分離性への気づきが外傷的な作用をもったことが中核にあるという理解をもたらし、彼女のいう心因性自閉症論の基盤になったものである。ジョンの言葉である「ブラックホール」という言葉で知られているこの外傷的事態の理解と解釈に至る過程を彼女は詳しく述べている。それを見てみると、このような理解と解釈を通じてジョンが自閉的でなくなったり、あるいは分析過程が進展したりしているというよりも、このような理解と解釈に至る前に、彼はすでに相当自閉的でなくなり、また分析過程は進展しているように見える。つまり、タスティンの理解と解釈は、コンテインメントに寄与している以上に、コンテインメントの結果のように見えるのである。

この問題と関連して、タスティンが別の本の中で（Tustin, 1986）、彼女の友人の初めてのロック・クライミング経験の記述を引用して論じていることが思い起こされる。運動能力に自信のあるその友人は、最初のクライミングも途中までは何の不安もなくうまくやれていた。しかしふとしたきっかけで崖の途中でとても怖くなってしまい、次の日はクライミングそのものから逃げ出したくなる。その恐怖を克服し、何とかベテランのクライマーの後を登って行くうちに、その友人は不思議な経験をしていく。それは、自分のクライミングもそのベテランのクライミングも巨大なオーケストラの一部にすぎないという感覚である。このエピソードを引いて、タスティンは、心理療法の過程で「心理療法士も患者も、自分たちよりも大きな、ある過程の一部に過ぎないことを悟るようになる」と述べ、さらに北欧の『サーガ』という物語集の一節を引用している。

人は死ぬ。牛も死ぬ。あなたも死ぬ。しかし世界の物語は死なない。（前掲書 p.191）

私は『サーガ』を読んだことがないのだが、特定の主人公がいるというよりも年代記としてさまざまなキャラクターが現れそして去っていくという話の集合体のようである。これは、私がコンテインメントの表れとしての解釈ということでここまで指し示そうとしている事態を見事に言い表している。

メルツァーは、分析過程を分析者の内的対象と被分析者の内的対象との交流とみなせると主張している。先に解釈の源は分析者の内的対象であると述べたが、より正確には、結局解釈の起源は分析者と被分析者の内的対象の交流にあると考えられる。そしてそれは分析過程の賜物であるとみなせるのである。分析はいずれ終わるものであるが、分析過程、語りの過程は終わりなく続くことが、分析の営みの目指すところであると言えるかもしれない。

六、おわりに――実利主義と芸術－科学との相克の中で

最近ハーバード大学でのマイケル・サンデルの道徳哲学に関する講義をテレビで観る機会があった。その中で彼は功利主義について論じていた（Sandel, 2009）。よく知られているように、ジョン・スチュアート・ミルは、幸福の質を問題にしない、最大多数の最大幸福というベンサムの考えを修正するなかで、質の低い快と質の高い快のどちらも知る機会があれば人は質の高い快を選ぶものであるとして、功利主義的視点を維持しながら、質の問題を扱おうとした。そこでサンデルはその点を検証すべく、講義に参加している学生に『ザ・シンプソンズ』というアニメや俗悪テレビ番組とシェークスピアの『ハムレット』の一場面を見せ、一番面白いと思うものを選ばせた。するとほとんどの学生は『ザ・シンプソンズ』を選んだのである。そののちに、学生たちにどれが一番質が高いと思うかを問うと、学生のほとんどはシェークスピアを選んだのであるが、シェークスピアは間違いなく少数派の関心事（minority interest）なのである。

冒頭に、私のB君との仕事は最初に発表したとき大変不評であり、敵意さえ喚起したように見えたと述べた。それは、ブラック・スワン・グリーンの公立中学校で詩の朗読会をしたようなものであったとも書いた。ところで、私自身詩を書かないし、そもそもほとんど読むことがない。実は詩は私にとってもマイノリティ・インタレストと言いうるのかもしれない。私は自分の本の中で、『ブラック・スワン・グリーン』の登場人物で、私にとってはメラニー・クラインのイメージと重なる老婦人の語る、次のような言葉を引用した。

……本当の詩は真実なのよ。真実は、人気がないわ。だから、詩も人気がないのよ。……けれど、詩というものは、君が思っているよりはるかに力があるものだわ。私は長年、アムネスティ・インターナショナルの活動の手助けをしてきたけど、詩人たちは強制収容所や拘束施設や拷問部屋を生き延びるものなのよ……

私はこう書いたが、これが実際にそうなのかどうか全く知らなかった。心の病で苦しむ人を援助する、私たちの仕事をしている人たちの間では、芸術と聞くと余裕のある人の行う贅沢で「高尚なもの」であり、無関係なものとみなされがちである。おそらく、精神分析の中核が芸術と関わるという主張は、『ザ・シンプソンズ』の冗談のネタになりそうな考えである。私は先の本の出版後に本当に詩人が強制収容所や拷問部屋を生き延びているか関心を持つようになり、有名なネルソン・マンデラやノーベル平和賞の劉暁波をはじめとする詩の愛好者が生きのびるたくさんの事例を知るようになり、今のところそれは事実として確かめられるように思っている。

私はロック・クライミングをしたいと思ったことはないし、今後もしようと思うことはないだろう。しかし、精神分析にかかわること、芸術－科学としての精神分析にかかわることは、どこか先ほどのロック・クライミングの経験と重なるところがあるように思う。私たちは分析の営みの中ほどで突如強烈な懐疑にとらわれるかもしれない。それほど劇的なものでなくても、私たちは知らぬ間に実利主義（philistinism＝ -K［Meltzer, 1988］）や功利主義という形でその懐疑と不安から逃れようとするかもしれない。それは私たちが「公衆」という安全地帯から遠く離れ、「いわく言い難い」経験の領域に接近することに伴う防衛反応とも言えるだろう。精神分析の営みは本質的に公衆には共有されない、プライベートなものであり、マイノリティ・インタレストであり、そこには常に懐疑や不安、そしてその派生物としての実利主義や功利主義が現れるのであろう。しかしこの懐疑と不安を経ずして、また実利主義との格闘なくして、「巨大なオーケストラ」もしくは「世界の物語」の一部であるという経験はあり得ないかもしれないとも思う。

文　献

Bion, W.（1963）The Elements of Psycho-Analysis. Heinemann. 福本修訳「精神分析の要素」『精神分析の方法Ⅰ』所収、法政大学出版局、一九九九

Bion, W.（1970）Attention and Interpretation. Heinemann. 福本修、平井正三訳「注意と解釈」『精神分析の方法Ⅱ』所収、法政大学出版局、二〇〇二

Ferro, A.（2002）Some implications of Bion's thoughts: the waking dream and narrative derivatives. International Journal of Psycho-Analysis, vol. 83, pp.597–607.

Freud, S.（1912）Recommendation to physicians practising psycho-analysis. In: Standard Edition vol. 12. Hogarth, London. 小此木啓吾訳「分析医に対する分析治療上の注意」『フロイト著作集 第九巻』所収、人文書院、一九八三

Freud, S.（1914）Remembering, repeating and working through. In: Standard Edition vol. 12. Hogarth Press. 小此木啓吾訳「想起、反復、徹底操作」小此木他訳『フロイト著作集 第六巻』所収、人文書院、一九七〇

Freud, S.（1918）From the history of an infantile neurosis. In: Standard Edition. Hogarth Books. 小此木啓吾訳『フロイト著作集 第九巻』人文書院、一九八三

平井正三（二〇〇九）『子どもの精神分析的心理療法の経験――タビストック・クリニックの訓練』金剛出版

平井正三（二〇一一）『精神分析的心理療法と象徴化――コンテインメントをめぐる臨床思考』岩崎学術出版社

Klein, M.（1921）The development of a child. In: Love, Guilt and Reparation and Other Works. The Hogarth Press. 前田重治訳「子どもの心的発達」西園昌久、牛島定信責任編訳『子どもの心的発達』所収、誠信書房、一九八三

Klein, M.（1927）Symposium on child-analysis. In: The Wrtings of Melanie Klein, vol. 1. The Hogarth Press. 遠矢尋樹訳「児童分析に関するシンポジウム」西園昌久、牛島定信責任編訳『メラニー・クライン著作集1』所収、誠信書房、一九八三

Klein, M.（1932）Psycho-Analysis of Children. The Hogarth Press. 小此木啓吾、岩崎徹也責任編訳、衣笠隆幸訳『児童の精神分析』誠信書房、一九九七

Meltzer, D.（1983）Dream-Life: a Re-Examination of the Psycho-Analytical Theory and Technique. Clunie Press. Perth. 福本修、

新宮一成、平井正三訳『夢生活——精神分析理論と技法の再検討』金剛出版、二〇〇四

Meltzer, D.（1988）The Apprehension of Beauty: the Role of Aesthetic Conflict in Development, Art and Violence. Clunie Press.

Meltzer, D.（2000）A review of my writings. In: Cohen, M. & Hahn, A.（eds.）Exploring the Work of Donald Meltzer: a Festschrift. Karnac Books.

Meltzer, D.（2002）Psychoanalytic Work with Children and Adults: Meltzer in Barcelona. Karnac Books.

Meltzer, D.（2005）Creativity and the countertransference. In: Williams, M. H.（2005）The Vale of Soul Making: The Post-Kleinian and Model of the Mind. Karnac Books.

Sandel, M.（2009）Justice: What's the Right Thing to DO? Ferrar Straus & Giroux. 鬼澤忍訳『これからの「正義」の話をしよう——いまを生き延びるための哲学』早川書房、二〇一〇

Steiner, J.（1993）Problems of psychoanalytic technique: patient-centred and analyst-centred interpretations. In: Psychic Retreats: Pathological Organization in Psychotic, Neurotic and Borderline Patients. Routlegde, London. 衣笠隆幸監訳『こころの退避——精神病・神経症・境界例患者の病理的組織化』岩崎学術出版社、一九九七

Tustin, F.（1972）Autism and Childhood Psychosis. London: Karnac Books. 齋藤久美子監修、平井正三監訳『自閉症と小児精神病』創元社

Tustin, F.（1986）Autistic Barriers in Neurotic Patients. Karnac Books.

第11章 〈人間世界〉への参入
――虐待を受けた子どもと発達障害の子どもへの精神分析的アプローチ

一、はじめに

クライン、ビオンを経る中で、フロイトの創始した精神分析は大きく変容した。第1章で論じたように、精神分析は、新しい内省の方法を作り出したという点に最大の功績があると私は考える。それは人間が自分自身を知るための全く新しい方法であるともいえよう。もちろん、「自分自身をみつめる」という形で、内省の営みは以前から人類の歴史に脈々とその歴史が築かれてきたと考えられる。しかし、フロイトの創始した自由連想という精神分析の方法は、一つは心の中にあることを脈絡のなさや不快さによって排除しないで分析家という他者に誠実に報告することを通じて、自分一人で内省していたのでは見えてこない自分自身のさまざまな側面、すなわち無意識と直面することを可能にしている点にその卓越性を見ることができよう。さらに、分析家は、こうして報告された「素材」の中に、独自の論理的連関（圧縮、置き換え、近接など）を見出し、クライエントにとっては思いもよらない新たな意味を浮かび上がらせる。そしてこうした営みは、観察され記録され、仮説とその検証という形でシステマティックにその時々に妥当とされる解釈や理解が積み重なり、一つの理論が構築されていく。

このように、フロイトの精神分析は、内省の知を科学的な基盤の上に蓄積することを可能にした点が、従来の流れと大きく異なるとみることができるだろう。

フロイトの内省の方法は、自由連想を用いた言語的な方法であったという点で、子どもや病理の重篤なクライエントには不向きと考えられていた。しかし、クラインの考案した遊戯技法は、フロイトの発見した精神分析という内省の営みが、非言語的に行うことができることを明瞭に示した。より正確にいうならば、遊び、そして夢という形で表される非言語的な象徴思考がより本源的であり、フロイトの自由連想はむしろ氷山の一角のようなものに過ぎないことを、クラインの仕事は明らかにしたといえよう。こうしてクラインを通じて、精神分析的内省の意味は決定的な変革を遂げたと思われる。ビオンの仕事は、こうした意味での内省そのものが成り立たない領域の探索を通じて、まさしくそれが生起する条件を探っていったと考えることができよう。ここで私は、ビオンが『再考』（Bion, 1967）に収録されている一連の論文で成し遂げた仕事の意義に注意を向けてみたい。これらの論文は、当時ビオンが取り組んでいた統合失調症や境界例との濃密な仕事の軌跡を見せてくれているわけであるが、最終的にはコンテインメントとして現代精神分析で概念化される精神分析の治療モデルへと到達する、真に創造的な過程を見せてくれている。彼は、クラインの投影同一化概念を、無意識的空想の一形態から対人過程の一形態へと拡張し、しかもそれが考えることとコミュニケーションの基盤になりうることに気づいていった。つまり、投影同一化は非言語的コミュニケーションそのものであり、発生的に非言語的コミュニケーションを通じて、人は象徴化の力、そして考えることとコミュニケーションの力そのものを培っていくのである。すなわち、フロイトの精神分析の基盤である、内省と対話そのものがどのように生起するのか解明していったのである。その際に、このような意味での投影同一化を受け止め、それを心にとどめながらも意味を紡ぎだす、すなわち象徴化することのできる心と出会う必要がある。それは乳児にとっては母親であり、心理療法においてはセラピストがその役割を担う。つまり、乳児／クライエントは、考える乳房と出会うことで、考える力、そしてコミュニケーションの力を育んでいくことが可能になる。これが、コンテインメント概念の意味するところであり、これによって、精神分析は、従来考えられているよりもはるかに広大な臨床領域をカバーできる理論的―技法的基盤を持つようになった。このことを最も明瞭に見て取れるのが、虐待を受けた子どもや発達障害を持つ子どもとの精神分析的心理療法であり、これら二つの領域への精神分析的アプローチ自体が、ビオンのコンテインメント概念なしには成立しえなかったと思われる。

二、虐待を受けた子どもと発達障害を持つ子どもをどのように援助するのか？

今日でも一般に精神分析と言うと言語的介入を主とし、クライエントによる洞察を促す、どちらかというと知的な部分に訴えるアプローチであるという印象が強い。そうした印象から、虐待を受けた子どもや発達障害を持つ子どもへのアプローチとしては不適切であると考えられがちである。たとえば、虐待を受けた子どもの多くは、クラインが扱っているような象徴的な遊びがほとんどできないうえに、セラピストの解釈を聞けるような状態にない場合も多い。そしてセラピストを攻撃したり、終了時間が来ても面接室の外に出ることを拒否したり、セッション中に部屋の外に出ようとしたり、玩具を壊したりなど、心理療法の枠を壊す行動に出ることがしばしばである。一方、自閉症などの発達障害の子どもは、象徴的遊びそのものができない状態にあるという点で、象徴的に表現されたことの意味を解明するという精神分析の土台そのものが揺るがされる状況にセラピストが陥る。しかしビオンのコンテインメント概念は、まさしくこうした子どもの非象徴的な機能状態から、いかにして象徴化の力が培われうるかについての決定的な指針を与えてくれるのである。そして象徴化の力こそ、このような子どもがさまざまな困難に直面しても生き抜いていく力の基盤となるものであり、精神分析的心理療法によって培われるものなのである。ここでは、こうした大まかな理解の枠組みのもとに、虐待を受けた子どもと発達障害を持つ子どもがそれぞれ、精神分析的アプローチによってどのように援助されうるのか、代表的な議論を拾い上げてみたい。

1　虐待を受けた子ども

虐待を受けた子どもの臨床については、英国の子どもの精神分析的心理療法士の間では重要な関心事であり続けており、多くの論文が存在する。しかし、ここでは、こうした英国における被虐待児への精神分析的アプローチの中心的存在である、タビストック・クリニックの臨床ワークショップを基盤とする仕事に目を向ける。

①量的研究

虐待を受けた子どもへの精神分析的心理療法については、ボストンらによって効果研究（Boston et al. 2009）がなされている。彼女たちは、一九八八年から九四年にかけて、タビストック・クリニックに紹介されてきた二〇三人の「公的保護のもとにある子ども」を対象として、それぞれのケースについて調査している。このうち、三八人が心理療法を開始しているが、七名が一、二回でドロップアウトし、三一人が最後まで継続している。一九名が週一回、一二名が週二、三回の心理療法を受けている。心理療法の結果をみてみると、セラピストの評定によれば、二六人が何らかの改善をし、そのうち二三人が著明もしくはかなりの改善をしている。そして、安定したサポートが得られているほど改善が顕著であることがみてとれる。保護者など、子どもと実際にかかわっている人による評定においては、二六事例で改善がみられている。改善の中身としては、一五人の子どもには、内的人物像の力と頼りがいが増し、学ぶことの困難さ、考える力の貧困さの問題の軽減がみられた。

この研究がまず示唆しているように思われるのは、こうした子どもへの精神分析的心理療法は、それが継続していけばほとんどの場合何らかの改善がみられるということである。心理療法が継続できるかどうかは子どもの養育者との協働関係にかかっている場合が多いので、結局こうした子どもへの精神分析的アプローチの成否の鍵の一つは、子どもの養育者との間に協働関係を築いていけるかどうかと言ってよいかもしれない。そして、この研究からわかるもう一つの重要な点は、こうしたアプローチで得られるのは、内的対象関係の改善と考える力と学ぶ力の改善であるということである。

こうした点で注目されるのは、ミジリーらによる（Midgley & Kennedy, 2011）子どもの力動的心理療法の治療効果研究のメタ分析である。それによれば、認知行動療法と比べた場合、力動的心理療法の治療効果の特徴は、治療終了後もその改善傾向が持続していくという「遅延効果（sleeper effect）」が顕著にみられるという。その背景に、こうした介入は、子どもの考える力や学ぶ力を培うため、治療終了後も子どもが自分で問題を解決していける力を有するようになっていると考えられるだろう。つまり、精神分析的心理療法は、子どもが自分で成長していける力、自己治癒の力を増強するのであろう。

②質的研究

こうした量的な研究とは別に、ボストンとスザー（Boston & Szur, 1983）は、臨床家のワークショップという形式で質的な研究も行い、その成果をまとめている。それによれば、子どもの虐待の情緒問題は、（特に拒絶や剝奪などの否定的）感情について考えてもらう経験の剝奪と捉えられる。そして、精神分析的心理療法は、子どもがセラピストにそのような感情を投影する機会を与え、セラピストは、そうした感情を受け止め感じ考えていく仕事をしていくことで、子どもがそのようなセラピストを内在化し、子ども自身が感情を感じ考えていくことができるようになる。これは、よい対象とは考えることのできる対象であり、そのような対象との関係を育んでいくことで、子どもの考える力が育成されるという考えが基底になっている。虐待を受けた子どもとの精神分析的心理療法においては、拒絶する対象や拒絶する関係性の問題が焦点になり、それはしばしばつながり、考えることを壊す力が猛威をふるうという形をとる。そして、拒絶と剝奪という情動経験を逆転移の中でセラピストが経験し考えていくことが決定的に重要になってくる。

2　発達障害（自閉症スペクトラム障害）

自閉症に対する精神分析的アプローチについては、メルツァーたちによる研究（Meltzer et al. 1975）や、タビストックの自閉症ワークショップのアルバレズやリード（Alvarez & Reid. 1999）などの仕事など注目すべきものがいくつかあるが、ここでは、この分野で最も影響力のある仕事をしたタスティンの仕事を取り上げ、そしてタスティンに影響を受けたロウドの貢献に触れたい。

①タスティン

タスティンは、自閉症の対象関係を付着一体性（adhesive at-oneness）として概念化した（Tustin, 1994）。付着一体性の対象関係においては、対象が自己の一部でないという身体的分離性（他者性）の気づきは破局的に経験される。したがって、こうした身体的分離性の気づきを抹消する必要があり、自閉的な動きはそうしたものとして理解できるとタスティンは考えた。こうして自閉症の子どもは、他者としての人との関わりを持たないようになってしまう。この点についてタスティンは以下のように述べている。

> 自閉症の子どもは、自分の思ったように世界を作り上げることができるし、人は粘土のように思うように左右できると感じることを許容されてしまっているのです。このようにして、こうした子どもは、「おっぱい」とのつながりを破壊してしまっているのです。「おっぱい」は、外的世界へと初めて子どもつなげていくものですから、こうしたつながりの破壊は、外的世界を認めてそれに適応していく力の破壊を意味します。（Tustin, 1986, p.295 拙訳）

つまり、こうした関係性のあり方は、象徴化や考える力、そして人の生きていく力の源泉となる「おっぱい」とのつながりを壊してしまうというわけである。ここで、「おっぱい」とのつながりと呼んでいるものは、身体的分離性を認めたつながりのことを指している点に注意を促したい。タスティンは、こうした子どもへの精神分析的心理療法について以下のように書いている。

セラピストの仕事は、このような患者がこうした実際は錯覚である恐怖［分離性＝他者性の気づきの恐怖］に直面するのを手助けすることなのです。そうする中で、心理療法士と患者は、自分たちが、自分たちよりも大きな、ある一つのプロセスの一部であることを理解するようになるのです。（ibid., p.191 拙訳、［　］内は筆者による）

ここで「自分たちが、自分たちよりも大きな、ある一つのプロセスの一部であることを理解する」ということは、前章でも取り上げたが、深い意味でのセラピストと子どもとの協働関係に言及しているとともに、自分たちの取り組んでいることが普遍的な人間性の一部であるという実感ともかかわると考えられるだろう。

②ロウド

ここで、タスティンに影響を受けたロウド（Rhode, 2008）がこの点について「人間の家族に加わる」という言葉で表現している論文に目を向けたい。彼女は、自閉症の子どもに特有の模倣と健常な発達にみられる模倣との相違に注目することの重要性を強調している。

精神分析家と発達研究者は、パーソナリティが他者との関係の中で発達することに同意していますし、精神分析家は、発達研究者と同様に、こうした他者との関係性の経験が内在化され、自己感の成長に寄与していくことを指摘しています。…［中略］…私は、ある特定の模倣に注目します。そのような模倣が起こるには、自分は他の人間と同じような人間なのだという感覚がある必要がありますし、逆にそうした感覚を強化もするものなのです。(Rhode, 2008, p.147)」

ここでロウドが注意を向けているのは、自閉症の子どもは、こうしたコミュニケーションや情動調律に寄与する、協働的なタイプの模倣を発達させることができず、かわりに他者の特質をとりこんでしまうタイプ（ビックの言う付着同一化）の模倣を発達させがちであるという事実である。そして彼女は次のように書いている。

自閉症スペクトラムの子どもは他者の世界の中で異邦人のように感じ、「奇妙な国のよそ者」のように感じているかもしれません。……［心理療法がうまくいき、協働的な模倣と摂取同一化が起こることで］こうした子どもたちは、それぞれの持つ限界の範囲内ではありますが、人間の家族の一員としての自分の潜在的可能性（potential）を開花させ成長していくことができるようになるのです。(ibid., p.166 拙訳、［　］内は筆者による)

三、コンテインメントと対象関係

このように、コンテインメント過程が、こうした子どもの精神分析的心理療法において中心的な役割を果たすと考えられるわけであるが、こうした過程が可能になる対象関係的基盤について私なりに整理したことがある

（拙著『精神分析的心理療法と象徴化』）。ここでは、その概略を簡単に述べておきたい。

1　コンテイナーと協働関係の本質的関係

コンテイナー－コンテインド関係は、しばしば二者関係的に理解されてしまう。しかし、コンテイナーの性質をよく見ていくと、それは必ず「結合」がその本質的構成要素（図2）であり、さまざまな水準での「結合」がそこにみられる（図1）。それは、コンテイナーの水準に対応している。ビオンのコンテイナー概念は極めて抽

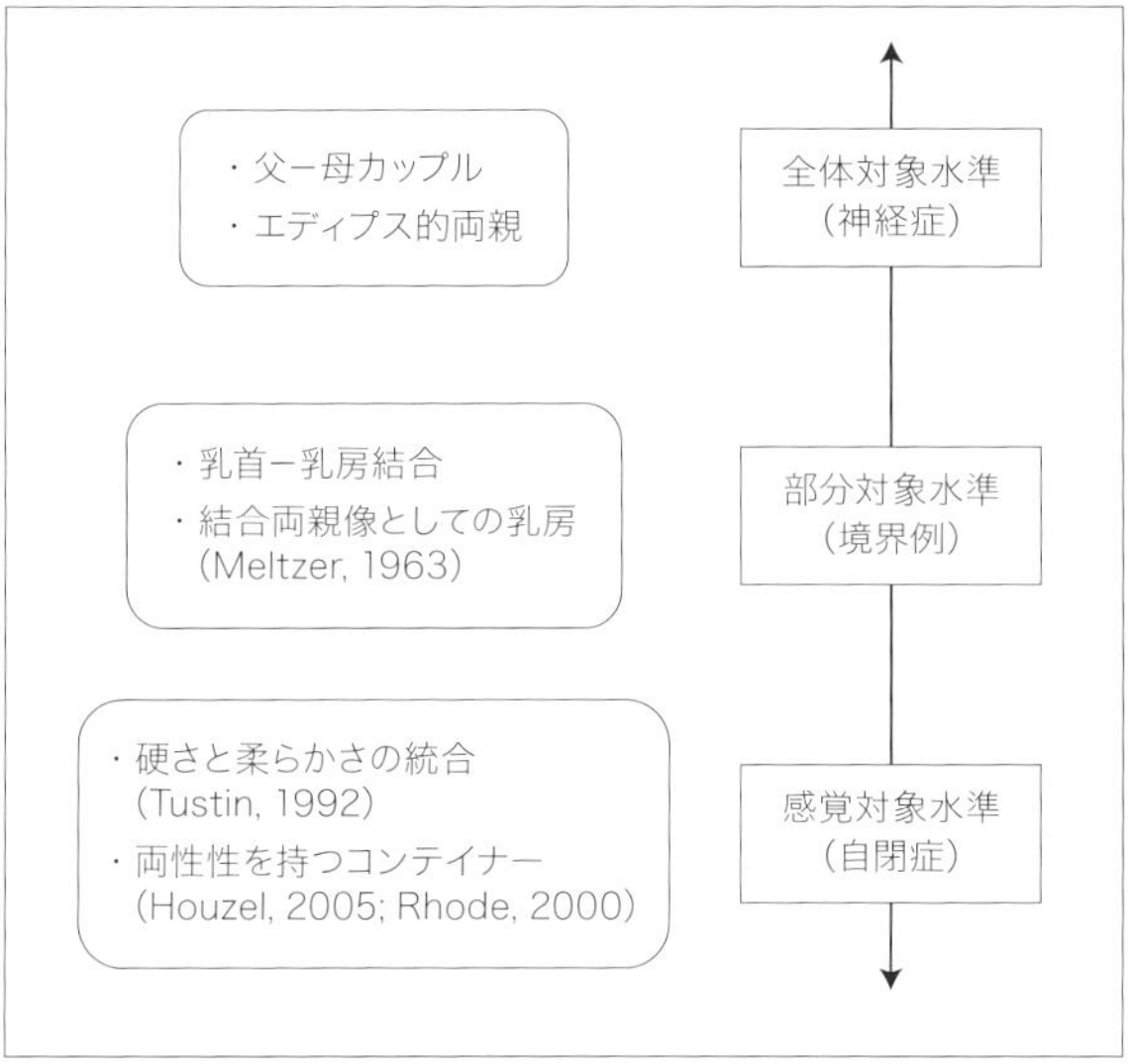

図1　さまざまな水準でのコンテイナー
（拙著『精神分析的心理療法と象徴化』）

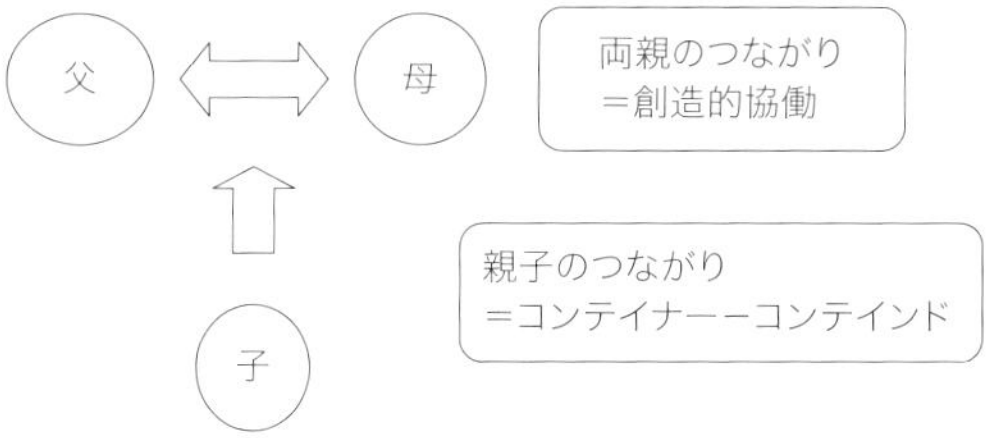

図2　つながりの相違に関する概念図（前掲書）

象的な概念であり、さまざまな水準での関係性のある様態を表していることを今一度ここで確認しておきたい。たとえば、自閉症においては、硬さと柔らかさ、もしくは父性的要素と母性的要素の統合によって成し遂げられる感覚－心的水準での原始的なコンテイナーの形成が大きな問題となっている。境界例的病理の中にいる、被虐待児においては、父性的な部分対象と母性的な部分対象との結合による原初的な乳房対象－コンテイナーの形成不全が問題となっているかもしれない。

2　象徴化の発達と対象関係

私は、象徴化が発達するためには、対象関係において、二つの様相が展開していくことが必須であると考える。

一つは、自分自身のいる空間が意味に満ちたものであるという感覚である。この感覚の起源は、乳児期に経験する〈保育空間〉であると考えられる。母親は乳児に物理的にかつ心理的に守られた空間の中で乳児を育てていこうと試みるが、心的空間、そして考える対象の心の内部にいるという感覚の基盤を支えるのは、母親が乳児に向ける関心と注意であると思われる。このような母親の関心と注意に裏打ちされ、乳児がそれぞれの生来的な力に応じて、考えることのできる対象の内部としての〈意味空間〉の中にいるという感覚を育んでいく。これは、関心や注意が払われず、忘れ去られているという感覚を除外した中で成立すると考えられ、母親対象のこうした悪い側面は自己の悪い側面とともに、分裂排除されている。これは、クライン（Klein, 1946）が分裂と理想化によって成立する理想的対象関係と述べているものであり、健常な情緒発達の基盤になるものである（図３）。

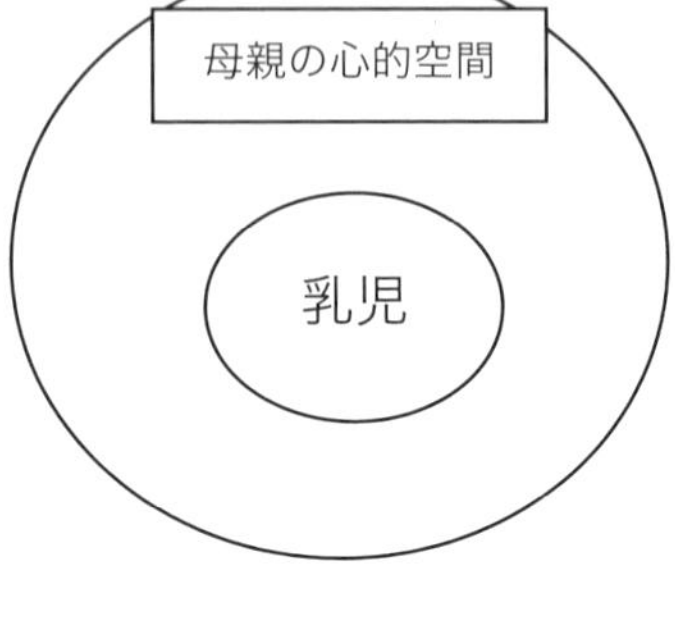

図３　象徴化の基盤となる対象関係：主観的構図［妄想・分裂ポジションにおける理想的対象関係］

乳児は、このような関係性だけでなく、ごく早期から母親を明確に自分とは異なる存在として認める、すなわち分離性を認めるような関係性を持つ。たとえば、哺乳中の乳児が乳首を弄ぶようにして口にくわえたのち口を話し母親の顔をにっこりと見るという場面はかなり早期に観察しうる。このような関係性は、自分とは別の存在である母親との間に何かが行き交うという関係性に発展すると考えられる（図４）。そして母親でも自分でもない〈何か〉から、言葉をはじめとする象徴が展開してくると考えられる。

３　自閉症の対象関係

しかしながら、自閉症の子どもにおいては、こうした対象関係を育むことが難しくなっており、特有の対象関係を形成している。先に述べたように、タスティンはそれを付着一体性として概念化した（Tustin, 1994）。私はこれを結合双生児様の対象関係と呼んでいる（図５）。

このような対象関係においては、対象の分離性（他者性）は自己の存続を脅かす脅威になる。あるいは、どちらか一方が〈全体〉になり、分離した存在になることは、他方の存在を危機に陥れるという意味で共存不能性の対象関係とみることもできる（図６）。たとえば、自閉症の子どもとの心理療法において、その子どもが一方的にポケモンの話をし続ける場面を思い浮かべることができる。その場合、「ポケモン」（もしくはやりとりを成り立たせる何か、話題）は「生きるために必須の何か」であり、それを子どもが所有している状態とも見ることができる。このような状況でしばしばセラピストは、一人の独立した心を持つ存在としてはもうそこにはいず、何も考えずにそこにいるだけの存在、半ば心理的に死んだ対象になっているかもしれない。あるいは、逆にセラピストが、こうした状況に対抗するために、

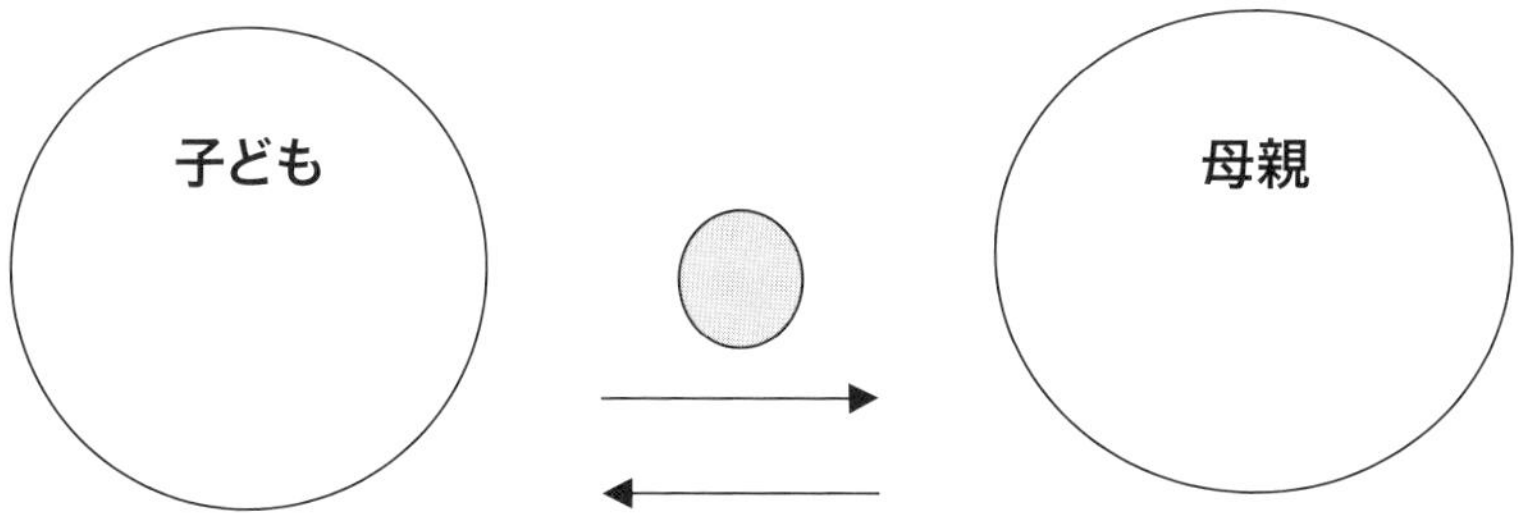

図４　象徴化の基盤となる対象関係：俯瞰的構図

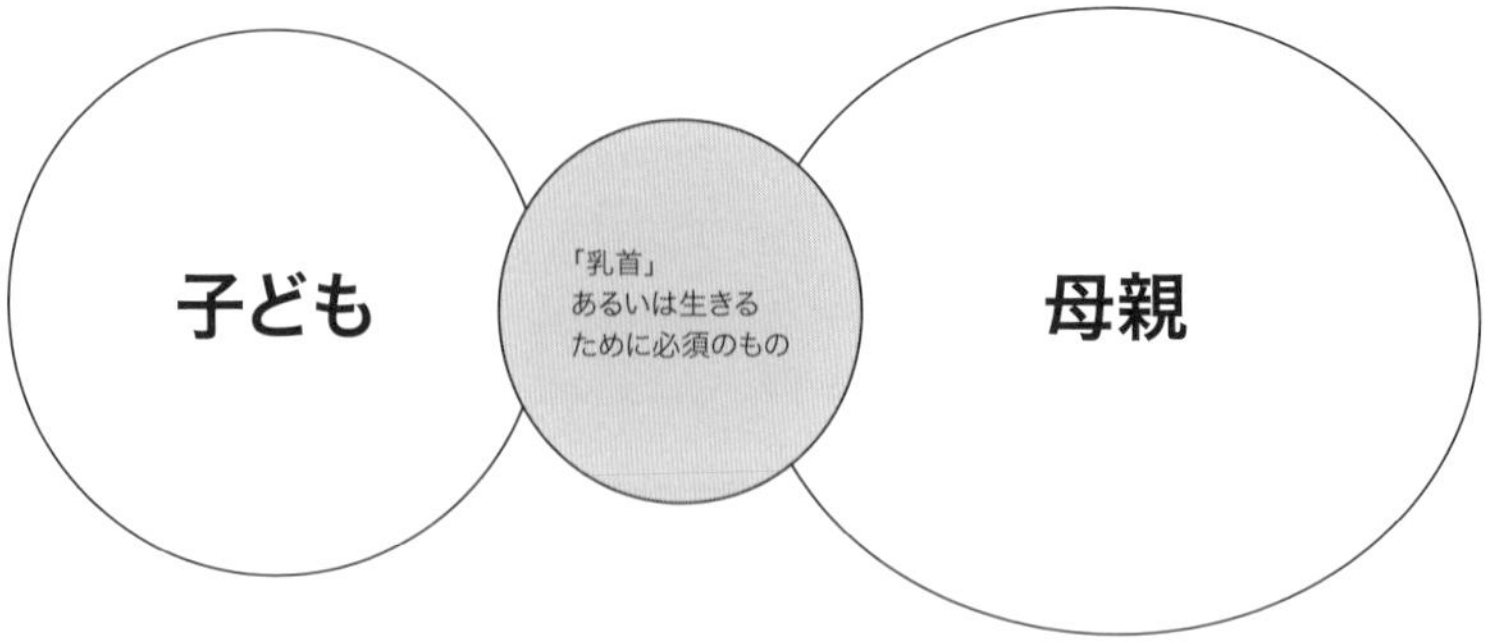

図５　結合双生児様の対象関係（付着一体性）

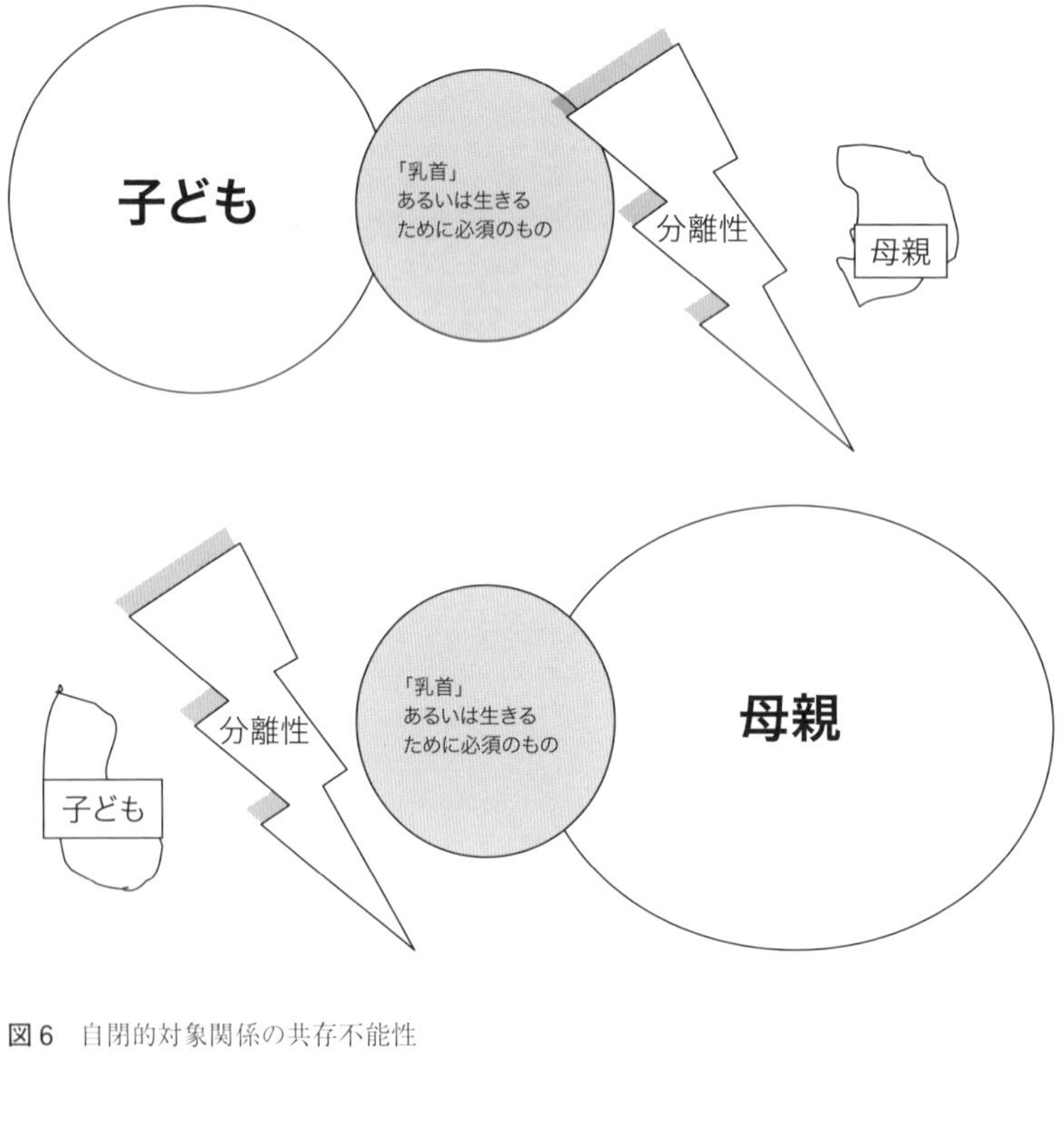

図６　自閉的対象関係の共存不能性

「学校の友達との関係はどうなっているのかな」などと自分にとって重要な話題を持ち出して話していくと、それが子どもにとって大きな脅威となってしまうかもしれない。つまり、自閉症の子どもは、〈何か重要なことを分かちあう〉ことが決定的に困難な対象関係の中にいるとみることができるのである。

4　対人相互作用フィールド・モデルもしくは〈今ここでの対象関係〉——playingとしての分析状況

従来、対象関係というとたとえば「悪い魔女」という表象が悪い母親、「素晴らしい女神」が理想化された母親などという形で、表象を一定の見方でとらえる枠組みと理解されがちであった。しかし、本章で論じているような子どもの大半は象徴化に大きな問題を抱えており、彼らが象徴化したものだけで分析の仕事をすることができないというだけでなく、まさしく象徴化そのものが問題なわけであるから、そうした象徴化が立ち上がってくる関係性そのものを見ていく必要がある。そこで私は、『精神分析的心理療法と象徴化』の中で、心理療法場面での子どもとセラピストのやりとりを乳児観察のように外側から観察していくことの重要性を指摘し、こうして観察されたやり取りの中に関係性の基本的な構造を見ていくことが大切であると論じた。私はこれを「対人相互作用フィールド・モデル」と名付け、対象関係論は、表象の理解だけでなく、いわば「対人相互作用フィールド・モデル」で見えてくる関係性の構造の理解にも適用できることを示した。これは別の言い方で言えば、治療関係の〈今ここ〉の中で生起している関係性の構造を捉えるということでもある。図3から図6まで示してきた対象関係の様態は、すべて心理療法のセッションの中の〈今ここ〉で観察しうる相互作用の構造を指し示している。つまり、図3は、子どもが、面接の部屋の中、そしてセラピストの心の中に抱かれていると感じている局面を指し、多くの「遊べる」子どもが心理療法の中で基本的に形成する関係性の構造であり、「心理療法という守られた空間」と言われる場合に意味されているものと言えよう。これに対して、図4のほうは、セラピストがより分離した他者として意識されており、その他者としてのセラピストに自分自身の内面を象徴的に表現し、そしてセラピストはその意味を解釈するという関係性を表すと考えられる。このような意味での「対象関係」は、動的状態にみられる構造の概念化であり、言ってみれば、たとえばサッカーのフォーメイションのようなものとみることができよう。

四、精神分析的心理療法はいったい何をしているのだろうか？

先に、精神分析的心理療法は、コンテインメントを子どもに提供し、子どもの象徴化の力や考える力を育てるとみることができると述べた。ここでは、精神分析的心理療法はどのようにしてそれを可能にするのか、もう少し具体的にみてきたい。

1　精神分析的設定の性質

私は、精神分析的心理療法がこうした点で役立ちうるのには、その設定の性質が決定的な役割を果たしていると考える。特にそれは受容性と分離性の二点である。

①受容性

精神分析的心理療法において、セラピストは子どもに、排他的関心や注意を向ける。そして、セラピストは、自分自身の心を用いて子ども、そして子どもと自分との間に起こっていることを観察する。別の視点で見れば、セラピストは子どものことを考え続けるという意味で、自らの心の中に子どものための場所を用意するのである。それは具体的には、子どもからの投影を受け入れ、子どもとの関わりで喚起されるさまざまな感情を探索し、それが何であるか考え、そして言葉にしようと努めることである。

②分離性

精神分析的心理療法において、セラピストは、精神分析的設定を維持する。その中には、時間が来たらセッションを終える、部屋の外には出ない、などのほかに、セラピストが起こっていることを観察できる姿勢を維持するために自分が座る椅子を定めそこからなるべく動かないというスタンスをとる。つまり、定点観察に努め、動かないことで、子どもから動かされずに、独立した一人の人としての自分自身の考えを持つべく努める。そして子どもと一体化するのではなく、〈あなたは私とは別の人間である〉と〈私はあなたとは別の人間である〉という認識を何らかの形で常に維持するように努める。

精神分析的設定のこれらの性質を一言で言えば、セラピストは、子どもに関心を払い受容しつつ（母性性）も、自分自身の観察と思考を維持するよう（父性性）努めるという点で、エディプス状況を作り出していると言えよう。あるいは、受容の側面は、先の図3の理想的対象関係の側面と関わり、分離性の側面は図4の象徴化の基盤となる対象関係の側面と関わるとも言える。

2　協働関係と間主観性

精神分析的心理療法はいったい何をしているのかについて、さらに考察を深めるために、以上の事態を別の観点でみてみよう。

①協働関係のもとに子どもの分析的設定が作り出され維持されること

私は、子どもの心理療法は、その設定そのものが子どもに象徴化と考える力を促す点があると考えている。これは、最初に触れたボストンら（Boston et al, 2009）の調査研究が示しているように、精神分析的心理療法は一定の期間継続することができれば何らかの改善をほとんどの子どもに引き起こすことができるという知見にもつながる。ここで確認したいのは、子どもの心理療法は、セラピストと保護者や養育者との協働関係のもとで成り立つ点である。別の言い方で言えば、子どもの心理療法が成立するには、子どもの保護者や養育者との間で、ビオン（Bion, 1961）のいう課題集団（work group）関係が成り立っている必要がある。この協働関係がコンテイナーとしての心理療法関係の屋台骨となる基底構造なのである。そして、そこには、本質的にエディプス構造があるとみることができることを今一度確認しておきたい。それは、援助関係［依存関係／母子関係］とは別に、協働関係、すなわち〈何かを達成すべくworkするためのチーム関係〉［パートナーシップ／両親の関係］が展開する余地が必要であるとも言えよう。

②間主観的〈人間世界〉への参入

精神分析的心理療法過程が進行していくと、子どもの内的世界は、象徴化され、セラピストによる子どもの理解は進んでいく。この事態をトレバーセン（Colwyn Trevarthen）の間主観性に関する議論と関連付けてみてみることは興味深い。トレバーセンは、間主観性は二段階に分かれて発達するとしている（Trevarthen et al. 1996）。彼によれば、生後数カ月で現れる一次的間主観性は、二者関係的で直接的無媒介的なかたちでの気持ちや考えの分かち合いであるのに対して、生後九カ月頃に出現する二次的間主観性は、いわゆる三項関係を基盤にした協力し合う関係である。一次的間主観性においては、乳児の心の世界は母親との間においてのみ分かち合われるが、二次的間主観性においては、「分かち合う関係性」は、母親だけでなく、母親以外の人にも広がりうる。つまり、二次的間主観性を通じて、子どもは、人と人とのつながりで構成され「分かち合われる」世界である〈人間世界〉に参入していくのである。トレバーセンは、私たちの〈人間世界〉とは本質的に「分かち合われる世界」すなわち間主観的な何かであるという洞察を示しており、そのような〈人間世界〉への参入がどのように達成できるかという道筋を明らかにしていると言えよう。

こうしてみると、精神分析的心理療法の持つ〈分離性とつながり〉の構造は、三項関係、そして二次的間主観性を促す構造であり、目指すところはそこ、つまり間主観的〈人間世界〉への参入にある。その道を先導していくのが、クライン的な「よい対象」であり、ビオン的な「考える乳房」であると言える。そしてそれは両親対象／結合対象でもあると考えられるだろう。

あるいはこうも言えるだろう。精神分析的心理療法を通じて子どものさまざまな経験の側面が象徴化され、セラピストに知られていくという過程が起こるわけであるが、それはその子どもの中にある、誰にも分かち合われなかった経験の側面が、分かち合われうるものに変容していったとみることもできるのである。そしてこの過程そのものが、普遍的な過程の一部であるという認識を、先に引用したタスティンは指摘しているとみることができるだろう。それは、子どもとセラピストとの「チーム」の成果であり、協働関係の賜物でもある。

五、事例素材

以上の議論を例証するためにいくつかの事例素材を挙げていく。

1　乳児観察素材から――二次的間主観性と〈人間世界〉への参入

事例　E君　乳児観察素材（拙著『精神分析的心理療法と象徴化』より）。

E君には、一歳年上の姉がいる。生後六カ月くらいまでの観察では、E君は大人しく、母親の関心はほとんど姉の方に向かっているように思われた。しかし、生後六カ月くらいから、母親はE君に関心を集中するようになり、それに伴い、E君は自己主張し、活動も積極的になってきた。

生後一〇カ月での観察　母親が洗濯物を干しに物干し場のほうに行くと、E君ははいはいをしてそれについていく。途中、物干し場の窓のそばにおいてあった洗濯籠に興味を持ったのか、それに手を触れ、そこに座りこむ。E君は母親のほうに向かってなにやら声を出す。母親は洗濯物を干しながらそれに答える。E君は洗濯籠について何か言いたげに、さらに母親のほうに声を出す。母親はそれに応じて、E君のほうに向かってなにやら言う。E君は洗濯籠の中身に関心を持ち、中から衣服を取り出していく。E君は観察者のほうを振り返り、その衣服を見せながら声を出す。E君はまた洗濯籠そのものに関心を示し、それをひっくり返したり、中に手を突っ込んだりする。ときおり、母親がE君の様子を察して声をかけている。

考　察

E君の「洗濯籠」およびその中の「衣服」の経験は、お母さんとの間で共有されるだけでなく、観察者との間でも共有されている。共有する相手がお母さんから観察者へと拡がっているとともに、共有するものは洗濯籠、その中の衣服、そして籠そのものの内部へと拡がっていっている。

この観察事例素材は、二次的間主観性においては、経験を分かち合うが、それが特定の人だけでなく多くの「仲間」と共有される形でなされることをよく示している。観察者との間で分かち合われるの（「衣服」）は、お母さんとE君の関係経験そのものでもあるかもしれない。二次的間主観性の三項関係の含みは、お母さんと赤ちゃんをさらに見守る第三のポジション、すなわち父親的存在でもあるだろう。

2　被虐待児の心理療法事例から——分かち合われる世界に参入していくこと

事例　Fちゃん　被虐待の成育歴を持つ小学校一年生の女の子。

幼稚園児のFちゃんは、数年前に母親によるネグレクトと身体的虐待が判明し、上の兄二人とともに児童養護施設で暮らすようになった。Fちゃんは、職員の目からみて大きな行動上の問題を示すことはなかったが、ときおり職員の「指導が入らず」言うことを聞かなくなる時があった。また、特定の職員への愛着を示すことはほとんどなかった。Fちゃんは、週一回精神分析的心理療法を受け始めた。当初は、セラピストと自分とで同じ遊び、同じ玩具というふうに、「平等」であり続けようとしたが、セラピストの座っている席を奪ったり、セラピストが彼女を見ていることを嫌い始めたりした。そして、セラピストに対してなにかが気に食わないと「怒らせんといて、何が悪いか分かっているの！」と怒鳴りつけ続けるようなことが頻繁に起こった。しばしば、セラピストには彼女が何を怒っているかもわからず、そもそも本人もそれはわからず、ただ怒鳴って威嚇しているようにも見えた。それは、怒鳴られ脅かされる経験を投影しているというには、あまりにも「薄っぺらな」怒鳴り方であり、まるで小型犬が威嚇のためにやたらに吠えているような、考えなしの「威嚇行為」のように思われた。こうしたセッションが続く中で、次第により象徴的な遊び、すなわちFちゃんの気持ちや空想が見て取れる遊びも少しずつ出てき、「彼女を見守り考える」存在としてのセラピストも少しずつ受け入れ、安定してそのような人とセラピーの部屋に入れるようになって来た頃、Fちゃんは小学校に入学する。入学後帰宅の時間が一定しなくなり、また職員スタッフの目も十分に行き届かなくなったこともあり、心理療法にはしばしば大幅に遅れたり、来られなかったりすることが続いた。そうした中で、セラピストと職員との間で話し合いがもたれ、セッションの時間を遅くし、またFちゃんがセッションにきちんと来られるように注意をすることを確認した。このあと開始時間に少し遅れてセッションに来られるようになった。

以前は、開始時間を大幅に過ぎてからやって来て「もう時間になっている？」とまるで終了時間までに来ればよいかのようにふるまっていたが、開始時間前に「もう時間なくなっている？」と開始時間を尋ねるようになった。そして大抵数分遅れてやって来、セラピストを少し待たせた。

第Ｘ回　この回も、始まるだいぶ前にセラピストに出くわしたＦちゃんは、セラピストに「時間になっている？」と尋ねる。しかし時間になっても来ないので、居室に迎えに行くと、Ｆちゃんは宿題をしている。Ｆちゃんは、職員に「Ｆな、いっつも、この人のこと怒ってんねんでー」とセラピストのことを話す。Ｆちゃんはセラピストを置き去りにして、先にセラピールームにかけていく。セラピールームでは、Ｆちゃんはセラピストのイスに座り、セラピストに「あっち座り」と言う。セラピストが、「今日はその場所を独り占めしたいんやね」と言うと、立ち上がり、リカちゃん人形とそのママの人形を持ってくる。途中セラピストが自分の椅子に座ろうとすると、「だめ」と言うがそれ以上は主張せず、セラピストの横に座る。リカちゃんのママの人形の髪の毛をケアし、小声で人形に話しかけ、セラピストは除け者にされたような感じになる。そしてセラピストのことが嫌いだと話す。そして「お姉ちゃんおるん？」と尋ねて来る。セラピストが、セラピストの家族のことを知りたいみたいだと伝えると、Ｆちゃんは「おるんかおらんのか、どっちなん？」と怒鳴ってくる。そうして「あんな、今までめっちゃ怒って来たやろ。あんなＦな、二年生になったらもうこーへんかもしれへんのに喧嘩したままでいいん？　さみしくないん！　Ｆはさみしいなんて思わんけどな！」と話す。……時間の終わり近くになると、「時間あとちょっと？」と尋ねて来る。セラピストが、「もうちょっとやね」と答えると、「エー待って。まだならんといて」と言う。しかし、時間の直前になると早く出ていきたいかのようにドアの前で待ち、時間になると「なった」と言って一目散に帰っていく。

第Ｘ＋１回　お医者さんごっこ。赤ちゃん人形を用い、Ｆちゃんはお医者さん。セラピストは赤ちゃんのお母さん。診察をし、赤ちゃんは病院に泊まることに。赤ちゃんがお母さんから離れる際、Ｆちゃんは「お母さんから離れるからって泣かないの」と赤ちゃんをなだめたりする。そして食事の場面になる。その時点でＦちゃんの役割は不明で、食事を作っているが、自分でも食べるようでもある。セラピストは、あまり食事をもらえない目にあわされたりもする。赤ちゃんは「四回（四日）」入院した後、家に帰ることに。玩具の電話機を持ち、「あんな、赤ちゃん入院しててんけど、四回終わったからな。うん。だから帰るから」と話す。そして「あんたのお父さんに電話しといたからな。今から帰るよって」とセラピストに話す。

第X＋2回　前回と同じような内容。食事の場面が強調されている。最後にまたお父さんに電話をすると言い、「あ、もしもし。赤ちゃんですけどね。入院してね、大丈夫になりました。え？　はいはい。えー、そんなことがあったんですか？　はいはい、お母さんに。それは警察に言った方がいいですね。え？　ぶっ殺すぞ！　このブターって言われて足を踏まれたんですか。それはひどいですね。はいはい、わかりました。こっちでも言っときますね。はーい」と言う。

考　察

Fちゃんにとって関係性は、常に具象的に自分自身のスペースそのものを脅かされると感じられ、それに対抗するには小さな犬のように吠え続け、相手を圧倒することしかなかったのではないかと思われる。それは、情緒的つながりを持ったり、考えたりできるスペースが生じる余地のない世界であったと言えよう。これは、子どもが脅かされ、虐待される経験をセラピストに投影しているという状況と性質が異なるものであるように思われる。彼女の時空間には、「自己から対象の中への投影」と記述しうるような安定した構造化は生じておらず、セッションの中と外が容易に入れ替わりうるし、自己と他者もするりとすり替わるような構造化しか行われていないように見えた。それは、おそらくこの子どもが困難な情緒的状況で生き残るために採用した原始的な防衛でもあったのだろう。

セラピストが職員と話し合い、セッションの時間を確保する協働関係を以前より持てたところで、Fちゃんのセッションの内容は劇的に変わっていき、より象徴的な遊びができるようになっていった。ここで注目したいのは、こうした動きの中で重要な役割を果たしたと思われるのが、いつもセラピストのことを怒っていることを職員に伝えたことであった。それはどこかで、E君とお母さんとの間で起こっていることが、誰か別の人である観察者にも分かち合われるという動きに通じるものがあったように思われる。そして、その「第三者」が父親的な意義を持つことは、その後に続く二回のセッションで、「お父さんに電話する」という主題から示されている。そして第X＋2回では、伝えられる、分かち合われるのは、お母さんからひどい目に合うという経験であるということが示唆されている。

こうした安定した時空間構造の崩壊によって防衛しているのは、単にお母さんからひどい目に合う経験というよりも、むしろ、置いてけぼりになる、排除される、寂しい思いをするといった情緒経験が焦点になっていることが、ここで提示した三セッションからみてとれるのではないかと考えられる。

3　自閉症スペクトラム障害の事例から——他者性を巡る格闘と自己存在の危機

事例　Gさん　自閉症の中学生の女の子。

自閉症を持つ中学生のGさんは、学校生活に適応できず、自分勝手なことをしたり、一人でブツブツ話したり、一人で絵を描いていたりするということで心理療法にやって来た。心理療法では、セラピストの話すことに答えたりすることもあったが、大抵はセラピストを一切無視し、一方的にアニメのキャラクターのセリフを話し続け、何人ものキャラクターの会話を一人でえんえんと続けることもあった。それはまるで、Gさんの世界とセラピストの世界は別々の世界であり、互いに一切接点がないかのようであった。Gさんはときおりセラピストの言うことに答えることがあったが、話はどんどんGさんの話したい話に脱線していき、セラピストがもとの話に戻そうとすると無視し続けた。セラピストは心理療法の中でGさんの世界に圧倒され、まるで自分が相手にされず放っておかれる無力でちっぽけな存在のような気持ちにさせられることが続いた。

第X回　Gさんは「知能が六歳」の子の話をする。そしてその子が「どうしてこうなったのか。まだ伸びるかも。言われても何を言われているかはっきりと分からない。保健室はだから行かない」と話す。セラピストは、彼女は、セラピストの言っていることが難しくて分からないと感じることがあるのではないか、そしてそれで話しかけないところがあるのではないか、と話す。「分からないと言えない」と彼女は答える。

第X＋7回　Gさんは待合室で漫画を読みながら、「私って生きている根拠あるのかな」と独り言のように話す。面接室でも同じ言葉を繰り返す。セラピストが、「どうしたんかな。生きていてもしようがない気持ちになったのかな」と話す。するとGさんは、「友達がいない。恋も一、二度で終わり。私って生きている根拠あるのかな。大河ドラマとか見ていたらよけいにそう思う」と言う。そして「学校で応援団のリーダーをやって楽しかった。でも先生の言うことを繰り返すだけ」と話す。それから、彼女はいかりや長介のことを話すがよくわからない。「馬鹿にして」という言葉が混じるが、セラピストには彼女の話はばらばらでよくわからなくなる。セラピストは、「Gさんは本当は馬鹿ではないのに馬鹿にあつかうな、という怒りがあるのかな」と話す。Gさんは、「いじめられ、けられたりしたこともある」と答える。この後突然話が変わって、大河ドラマの話になる。とまた突然Gさんは、「中二のときに男の子が殴ってきたこと」を話す。ちょうどこのとき外で物音がする。「うるさい！　いやがらせか！」とGさんは興奮する。そして大声で、「男の子に殴られるのは分かるけど、女の子にやられると切れる。あいつだけは許せへん！」と言う。セラピストが、「誰のこと?」と尋ねると、Gさんはこれには答えず、話を変え、また大河ドラマの話をする。

第X＋8回　待合室に行くとGさんが一人でぶつぶつ話している。面接室に入ると，Gさんは，「学校帰りにいやな人に会うことがある。こっちから挨拶しても無視。以前と反対。ほかの人は以前私が無視，でも今は答えてくれる。」小学校の時の「友人」のXちゃんの話になっていく。「私のこと人間扱いしていない。おもちゃにして，『こいつばかやねん』って。先に延ばして結局教えてくれない。だからもういいって。そしたらすっきり。女の子は話していると，いろんなことが分かる。好きな人とか。嵐とかのこととか。うらやましい。携帯に電話しているとか。私は長電話できない。五分で切る。留守電に変える。電源を切ってどっかにおく。……Xちゃん好きなときに電話してくる。いやがらせ。電池をなくすためと思う。……後ろから突然首を絞めてくる。自分の存在をゆうため！　ええかげんにせえ！（興奮）」「ドラマを見てどうかえしたらいいか研究しているねん。」「去年時々思い出して，むかついて怒鳴って。でも周りの人にはわからへんねん。それで（向こうから）怒ってきた。」「トイレに隠れて。誰も見つけにこない。」セラピストが，「僕にもここで言えずにいたんやね」と話す。するとGさんは，「何かいえへんかった。……（Xちゃんには）今は時々出会うだけ」と言う。「ドラマとか観てなかったから分からんかった。親が観なかった。でも親は親，子は子やと思うようになって。」「私，なんでおかしいか，みんなと違うんやろうかって。」セラピストは，「Gさんは，なぜ自分はおかしいんだろうか，と考えているんやね。それから，自分のことを分かってほしい気持ちがあるんやね」と話す。

考　察

これらのセッションで，Gさんが私に伝えてきていることは二つの側面で捉えられるように思われる。一つは，彼女が私も含めて人との関係性の中で圧倒的に脅かされていることである。それは「共存不能の関係性」のなかでの困難であると捉えることができるだろう。同時に，この状況の中での彼女の反応の性質は基本的に被害的であることも見て取れる。その中で，彼女のとれる対処手段は，「五分で切る」もしくは「誰も見つけに来ないトイレに隠れる」ことだけのようである。しかし，そうすることで彼女は，「ドラマ」を観ず，人間関係について学ぶことも少なく、「みんなと違う」自分になってしまうことに気づかされる。そうした痛みについても話しているように思われる。

Fちゃんの事例に戻ると、彼女は「お母さん」に「このブターって言われて足を踏まれ」るという経験、すなわち被虐待経験をしていただけでなく、そもそも自分の感じていることを目の前の相手だけでなく、人間一般に分かち合われるという意味で分かちあう経験をほとんどしたことがなかったのではないかと思われる。おそらくそこには、この子どもが過酷な状況を生き延びるために、何も感じないやり方をとっていたことが大きく、それが主要な原因だったかもしれない。そういう意味で、Fちゃんとのセッションは、この子どもが初めて二次的間主観性の世界、分かち合われる〈人間世界〉に足を踏み入れてきた瞬間だったかもしれない点で、E君の観察場面とよく似ている。これに対して、中学生のGさんは、いまだに、そうした二次的間主観性の世界に触れながらも、常にそこで脅かされている状態であり、一人ぼっちの世界に退却しがちであることを示していると言えよう。

六、おわりに

精神分析は、内省を主眼とする営みであると冒頭で述べた。それは人類史の中で脈々と続く人間的営みの本質的な部分であるが、精神分析はその流れの中に新しい息吹を吹き込んでいるとみることもできるだろう。精神分析実践は、自閉症や被虐待という、言葉にもならないし、考えることも困難な人間的経験について熟考しうる条件を整え、それを可能にしてきており、それに関する知を科学的方法、すなわち仮説形成と観察による検証という枠組みによって堅固に積み重ねつつあるように思われる。精神分析の営みに参加することで、こうした子どもたちは、自分自身の経験を、間主観的な〈人間世界〉の中に位置づけることができるだけでなく、こうした協働の人間的な営みに参加する喜びを得ることができると言えるのではないかと思う。私たち精神分析的心理療法士が困難な状況に遭遇し、多大な情緒的負担を担い続けることを可能にするのも、こうした普遍的な協働の営みに参加できる喜びに他ならない。メルツァーは『精神分析過程』の中で、私たち精神分析臨床家の実践を支えるのは「科学的好奇心」であると述べているが、彼が意味していたのはむしろこうした協働の間主観的知へとつながろうとする普遍的な「巨大なオーケストラ」（Tustin, 1986: p.191）のプレイヤーの一人であることへの情熱ではないかと思う。

文　献

Alvarez, A. & Reid, S.（1999）Autism and Personality. Routledge. 倉光修監訳、鵜飼奈津子、廣澤愛子、若佐美奈子訳『自閉症とパーソナリティ』創元社、二〇〇六

Bion, W. R.（1961）Experiences in Groups and Other Papers. Brunner-Routledge.

Bion, W. R.（1967）Second Thoughts: Selected Papers on Psycho-Analysis. Heineman. 松木邦裕監訳、中川慎一郎訳『再考――精神病の精神分析』金剛出版、二〇〇七

Boston, M. & Szur, R.（Eds.）（1983）Psychotherapy with Severely Deprived Children. Routledge. 平井正三、鵜飼奈津子、西村富士子監訳『被虐待児の精神分析的心理療法』金剛出版、二〇〇六

Boston, M., Lush, D. & Grainger, E.（2009）Evaluation of psychoanalytic psychotherapy with fostered, adopted and 'in-care' children. In: Midgley, N., Anderson, J.J., Grainger, E., Nesic-Vuckovic, T. & Urwin, C.（Eds.）（2009）Child Psychotherapy and Research: New Approaches and Emerging Findings. Routledge. 鵜飼奈津子監訳『子どもの心理療法と調査・研究：プロセス・結果・臨床的有効性の探求』所収、創元社、二〇一二

平井正三（二〇一一）精神分析的心理療法と象徴化――コンテインメントをめぐる臨床思考』岩崎学術出版社

Klein, M.（1946）Notes on some schizoid mechanisms. In: Envy and Gratitude and Other Works. Hogarth Press. 狩野力八郎、渡辺明子、相田信男訳「分裂機制についての覚書」小此木啓吾、岩崎徹也責任編訳『妄想的・分裂的世界』所収、誠信書房、

一九八五
Meltzer, D., Bremner, J., Hoxter, S., Weddell, D. & Wittenberg, I.（1975）Explorations in Autism:a Psycho-Analytical Study. Clunie Press.
Midgley, N., Anderson, J.J., Grainger, E., Nesic-Vuckovic, T. & Urwin, C.（Eds.）（2009）Child Psychotherapy and Research: New Approaches and Emerging Findings. Routledge. 鵜飼奈津子監訳『子どもの心理療法と調査・研究：プロセス・結果・臨床的有効性の探求』創元社、二〇一二
Midgley, N. & Kennedy, E.（2011）Pychodynamic Psychotherapy for children and adolescents: a critical review of evidence-base. Jounal of Child Psychotherapy, pp.1-19.
Rhode, M.（2008）Joining the human family. In: Barrows, K.（ed.）Autism in Childhood and Autistic Features in Adults. Karnac Books.
Trevarthan, C., Aitken, K., Papoudi, D., & Robarts, J.（1996）Children with Autism: Diagnosis and Interventions to Meet Their Needs. Jessica Kingsley, London. 中野茂、伊藤良子、近藤清美監訳『自閉症の子どもたち』ミネルヴァ書房、二〇〇五
Tustin, F.（1986）Autistic Barriers in Neurotic Patients. Karnac Books.
Tustin, F.（1994）Autistic children who are assessed as not brain-damaged. Journal of Child Psychotherapy, vol. 20, no. 1, pp. 103-31.

第12章　美と精神分析

一、はじめに——大震災と詩

二〇一一年三月十一日の大震災の後の人々の反応の中で私にとって印象的であったのは、詩や歌への関心が急激に高まっているように思えた点である。テレビのコマーシャルで詩が朗読されたり、さまざまな支援活動をしているミュージシャンが脚光を浴びている。そのような動きのひとつとして、イギリスのミュージシャンたちがロンドンで震災支援コンサートをしたことに私は心を動かされた。このコンサートの最後では、参加ミュージシャンたちが、ビートルズの Across the Universe を大合唱していたようである。この歌は以下のような詩句で終わる。

Sounds of laughter shades of earth are ringing
Through my open views inviting and inciting me
Limitles undying love which shines around me like a million suns,
It calls me on and on across the universe

……

Nothing's going to change my world

笑い声　地球の影　響き渡る
私の目の前を通って 私を誘い 駆り立てながら
限りない不滅の愛 百万の太陽のように私のまわりで輝く
宇宙を越えて それは私を呼び続ける
……
何ものも私の世界を変えることはできない

二、クラインとよいもの

今回の大震災のような未曾有の悲劇を前にして、人間は無力に感じる中で、詩や歌しか頼るものがないという見方はあるかもしれない。つまり、詩や歌は、人の心を慰めるものに過ぎないというわけである。しかし、逆にそこには、人生を本当に支えている骨組みのようなもの、虚飾を取り去ったスケルトンがあらわになっていると見ることもできるように思う。精神分析の流れの中で、メラニー・クラインはこうした考えのもっとも雄弁な主張者であった。彼女は人の心の発達における環境からの影響を無視し、内的世界を偏重しているという批判をしばしば受けている。環境からの影響、すなわち親からの虐待や親との死別などから人が受ける影響を、確かにクラインは過小評価しているように私には見える部分がある。しかし、クラインの批判者たちは、逆に人の内的な資源がどれほど大きな役割を果たしうるかということを捉え損なってきたようにも思われる。クラインは終生、精神分析を通じて人が変わりうることについて非常に楽観的であり続けたが、初めて悲観的な見方を少しだけ提示した晩年の著作「羨望と感謝」の中で以下のように書いている。

……人生のどの段階においても、不安によるストレスがかかると、よい対象に対する確信と信頼は揺るがされうるのです。……日常生活で日々触れることのできるものの中に、よいもの（goodness）への希望や信頼を見出していくことは、逆境の中にいる人々を助け、迫害感を効果的にやわらげてくれるものなのです。……［Klein, 1957, p.194 拙訳］

クラインはこの著作の中で、人間の心の基盤である、よいものに対する確信と信頼を根こそぎ揺るがすものが人の心の中に存在するとし、それを羨望と呼んでいる。それをどう概念化するかは別にして、私たちに人生の良さに対して根本的な疑念を抱かせ、絶望させるのは、自然災害そのものよりもむしろ、人の心、そして自分自身の心の中にある、意味を破壊し、なくしていく部分であることには、多くの人は同意するに違いないと思う。こうした人間の側面は、原発事故をめぐる政府や東京電力の対応、震災支援をめぐる政治闘争などに如実に現れており、これらは、世界を越えて（across the world）支援と連帯の輪が広がっていく人間性のよい部分と思われる側面と好対照を成している。

この世界を越えた支援と連帯の輪の広がりの原動力は何なのであろうか。これと関連して、たとえば、津波の被害で何もかもなくした人が心を折らずにいられる力はどこからやってくるのであろうか。先に引用したように、この問いへのクラインの答えは、「よい対象への確信と信頼」であり、それは「日常生活の中で日々触れるものの中に」見出されるよさという形で具現化されていると言えるだろう。このことを考えるといつも私の心に浮かんでくるのは、ポーランドの偉大な映画監督キェシロフスキの最後の大作、トリコロール三部作の中の『青の愛』という映画である。それは、フランスの三色旗の青が象徴する自由という主題を扱っている。この映画の冒頭、主人公の女性は、自動車事故で夫と娘を失い、自分だけが助かる。家族のすべてを失った痛みに耐えられず、彼女は、かつての生活を思い出させるものから逃れ、過去から自由になるために、すべてを捨て去り、新しい場所で新しい生活を始めようとする。しかし過去から逃れることはできず、彼女は、少しずつ音楽家の亡き夫の、以前は知らなかった面を知っていく。つまり、亡き夫には愛人がおり、その愛人は妊娠していたのであった。また、彼女を愛していた別の音楽家は、亡き夫が未完のままにしていた交響曲の原稿のありかを探していた。物語は、すべてに絶望していた主人公の女性が、次第にこの音楽家との新しい関係の中に生きていく力を得ていくところで終わる。

クラインは、最愛の息子を事故で亡くした後、一時的に精神的な危機状態になる。そこから回復していく過程で書いたのが、喪の過程と抑うつポジションとの分かちがたい関係を論じた「喪とその躁うつ状態との関係」(Klein, 1940) である。クラインは、人は死別経験において、人生早期に経験した原初的なよい対象を失う危機経験をもう一度やり直すと論じている。それは良さへの信頼を揺るがされる経験であるとともに、対象は自分だけのものではないということ、他の人とも関わっていること、すなわちエディプス的真実を受け入れていく、痛みに満ちた経験でもある。私は、キェシロフスキは、『青の愛』でこうした人生の真実を見事に描いて見せているように思う。この映画の中で、絶望した主人公が亡き夫の交響曲の楽譜を破棄しようとそれを知人に託したのであるが、私にとってもっとも印象的なのは、その知人がそのヨーロッパ統合を祝う交響曲の楽譜を破棄せず保管しており、なぜそうしたのか主人公に釈明する場面である。その知人はこう言うのである。

「美しいものを壊すことなんてできません」

この場面が転機となり、主人公は、夫と娘の死、幸せな家族というかつての生活の喪失という現実を、痛みを伴いながら受け入れていき、新しい人生へと一歩を踏み出していくことになる。私は、『青の愛』は、クラインの言う人生の「良さ」の中核に美しさがあることを示唆しているように思う。この美しさこそが、世界を越え、変わることのない何かの核をなしており、人が人生から「自由」になることを引き留めさせる力なのだと私は考える。

「よいもの」の中核が美であるという、クラインの理論に含まれていた考えを鮮明にしていったのが、クラインの弟子の一人であるメルツァーの仕事と考えられる。

二、メルツァーと美

クラインは生涯その著作で「よい乳房」について語り続けたが、それはよくて神秘主義的であると見られてきたし、悪くて疑似科学としての精神分析の馬鹿馬鹿しい思考を代表しているとみなされてきた。しかし本当の逆境を経験してきた人は、暖かい一杯のスープがどれほどの意味があるか知っているのではないかと思う。私たちの日常生活を支えているものはこうしたものであり、よいものが単に精神的な高尚なものというのではなく、「日常生活で日々触れるものの」なかにあり、物質的身体的基盤を持つものであることを、クラインの「乳房」という言葉は浮き彫りにしている。人生の最初に私たちを支えるのは、このような意味における「乳房」、すなわち母親による身体的な世話なのである。クラインが「乳房の良さ」という言葉で表現しようとしたのは、このような身体的欲求を満たしてくれるという意味での良さだけではない。彼女の著述人生を通じて、彼女の強調点は次第に、乳房から受け取る「愛情」がその中核にあり、「理解」がその実質的な中身であるというふうにシフトしていく。つまり、私たちが、逆境の中で、良さを本当に実感できるのは、提供された温かいスープそのものではなく、それを提供してくれる人の心の温かさであるというわけである。

しかし、物質的満足、愛情、理解、温かさ、こうした議論からは、最初に引用したクラインが語る「よいもの」から本質的な何かが抜け落ちていく印象を否めない。なぜならこうしたものは「限りない不滅性」を持っているとは思えないからである。先に述べた仮説上の逆境の中で、人が一杯のスープをもらって心底、心を動かされるとするならば、それは単にそれが人の心の温かさに触れるというだけでなく、そもそもそうしたものが存在することも含めて、人生の、ある神秘的な側面に触れる体験がそこにあるのではないだろうか？　そこには、単に愛情だけでなく、人生の醜い側面、破壊的な側面が関わっており、それらが混ざり合い、それまで知らなかった人生の新しい側面があらわになっていると考えられる。メルツァー（Meltzer, 1988）は、このような意味で、クラインの乳房の「良さ」の核心を美と捉えた。彼のいう「美的経験」は、このように本質的にクラインの語る抑うつポジション経験の中核にある。すなわち、乳房が単に欲求を満たし、愛情を注ぎ、理解を示すだけでなく、破壊や冷たさや無理解も含むような不可解な存在であるという経験なのである。

メルツァーは、さらにこうした美的経験こそ、人の世界との出会いの第一歩で起こり、一生涯その人が世界とどのように関わっていくか、すなわちその人のパーソナリティの方向性を定めていくと示唆している。これは、抑うつポジションを妄想分裂ポジションのあとに生起する、より洗練された心の状態と考えるクラインの考えを逆さまにする、人の心のモデルにおける革新的な着想と言える。メルツァーによれば、生まれたての赤ん坊は、母親の美しさに心を打たれるが、母親の表層の美しさの下にある、その内部は図り知ることはできないという根源的なジレンマに直面する。美しさは、疑惑や醜さや破壊と切り離せないのである。このとき健常な赤ん坊は、美しい対象をよいものと悪いものに分裂させることで、母親との、そして世界との関わりを続けていく。それに対して、たとえば、自閉症の子どもは、こうした分裂を達成できず、危険な美的対象から退却し、一次元的な世界や二次元的な世界に引きこもってしまうのである。

こうしたメルツァーの議論は、新手の抽象的な理論に過ぎないと思われる人が多いかもしれない。しかし、生後数カ月の赤ん坊を観察したことのある人は、赤ん坊が母親を見るときに見せるうっとりとするような至福の表情は、まさしく美的経験と呼ぶしかないという指摘に対しては同意するだろう。

クラインは、逆境において人を支える経験としての美的経験を強調しているように思われるのに対して、メルツァーは、そもそも人が世界と出会い、経験から学び、成長していく契機としての美的経験に注意を注いでいるように思われる。こうした意味での美的経験について雄弁に語っている小説としてイギリスの小説家デイビッド・ミッチェルの『ヤーコブ・デ・ゾエットの千秋（The Thousand Autumns of Jacob De Zoet）』（Mitchel, 2010）を取り上げたいと思う。

三、『ヤーコブ・デ・ゾエットの千秋』

ミッチェルの『ヤーコブ・デ・ゾエットの千秋』は、一八世紀末から一九世紀初頭にかけて長崎の出島に滞在した、ヤーコブ・デ・ゾエットというオランダ人の物語で、大まかな歴史的事実を踏まえているが、同時に作者が作り出した虚構世界を描いてもいる。

あらすじ

ヤーコブは、裕福な家庭の女性と結婚しようとするが、その女性の父親から反対され、海外で一攫千金を狙おうと東インド会社に会計士としての職を得、新しい商館長とともに日本にやって来くる。ヤーコブが住むことになった当時の出島では、オランダの国力の没落の影響で東インド会社の職員たちの腐敗が進んでいた。ヤーコブは、新しい商館長の命令で、職員たちが会社の資産を横領していないか調べることになり、出島の居留外国人たちとの間で疑心暗鬼の関係に巻き込まれていく。出島はまた、鎖国政策によって外国人たちが囲い込まれ閉じ込められる場所でもあり、時折垣間見られる日本人や日本という異国と直接触れることはできず、ヤーコブは閉所恐怖的な世界の中に自分がいることを悟っていく。

ヤーコブが時折触れることのできる日本人は、通訳と西洋医学を学びたい医師たちであった。医師たちは、日本人に西洋医学を教えることを生きがいとするマリウスという医師のもとで学びに出島に通っていた。それらの医師の中に一人の女性がいた。顔に火傷の跡のある、そのオリトという女性にヤーコブは惹かれていく。しかし、オリトの家族は没落し、オリトは、エノモト僧正という有力者に引き取られ、シラヌイ山神社という邪教集団に連れて行かれる。そのシラヌイ山神社では、身体障害を持つ女性たちが巫女として連れてこられ、月に一度僧侶たちと性交をすることになっていた。そしてそうして妊娠し生まれてきた赤ん坊を、僧侶たちは食べていたのであった。これらの一連の行為を、エノモト僧正は、神聖な宗教的行為として正当化していたのであった。そして、エノモト僧正は、時の幕府の有力者とも懇意にしている権力者であり、誰もシラヌイ山神社で起こっていることには手を出せないでいたのであった。

物語は、オリトをいかにして救うかが焦点になっていく。オリトに思いを寄せていた通訳のオガワは、剣術の師匠たちとともにシラヌイ山に潜入するが、師匠たちは実はエノモトの手下であり、オガワは殺されてしまう。また、オリトは、自らシラヌイ山を脱出するが、シラヌイ山に囚われた哀れな女性たちを見捨てていけず、戻っていき、助産婦として働く。

こうした出来事が起こっている間、職員の不正を正しに来たはずの出島の新しい商館長は会社の資産を横領し去っていく。そして、年に一回来るはずのジャワからの船を待つが、それはなかなかやってこなかった。なぜなら、本国のオランダはナポレオンに占領され、東インド会社自体が消滅してしまったからである。ヤーコブたちは、日本を去ることを選ばず、地球上で唯一オランダの国旗を掲げる東インド会社の職員であり続けることを選ぶ。そのときオランダ船の代わりにやってきたのが、日本を開国させて巨万の富を得ようとやって来たイギリス艦船フェーブス号だった。フェーブス号は、日本の船を蹴散らし、ヤーコブたちに降伏を促し、出島に迫る。ヤーコブとマリウスは降伏することを拒否し、物見櫓の上に留まる。フェーブス号の艦長は砲撃するが、まさしく最後の一撃をヤーコブたちに加えようとするときに、突如砲撃をやめ、出島から離れ、去っていく。

このような出来事と並行して、オリトをめぐる事態も急展開していく。シラヌイ山で起こっていることを、ヤーコブを通じて知った長崎奉行は、オリト達を助けるためにエノモト僧正を殺害する計画を立てる。長崎奉行の妾が出産するときに、母子ともに危険な状態であった時に助産婦として二人を救ったのがオリトだったのであった。彼は、エノモトを招待し、彼を毒殺し、そして自らも命を絶つ。

ヤーコブたちはこれらの出来事ののち何年もの間出島に留まることを余儀なくされる。マリウスもついに出島で死を迎え、長崎の地に葬られる。その葬式の際に、ヤーコブはオリトとつかの間の会話をする。ヤーコブはその後、日本を去り、本国オランダで最後を迎える。その臨終の床で見たのがオリトの幻影だったのであった。

異文化との出会い

作者のミッチェルは、イギリス生まれのイギリス人であるが、広島に八年ほど英語教師として住んだ経験がある。この小説は、ミッチェルの日本や日本人との出会いの経験を表現したものであると一般に捉えられているが、私は深い意味でそうであると思う。本書は、さまざまな形で、言語を通じたコミュニケーションという主題を扱っている。日本人の通訳たちはおかしなオランダ語を話し、しばしばコミュニケーションは困難になる。しかし、もっとも厄介なコミュニケーションの問題は、同じ言葉を話す人間同士で起こることが判明していく。出島の外国人たちは、自分自身のものの見方に閉じこもり、相手を出身地や階級や文化による偏見の目で見ている。小説は、それぞれの登場人物の半生を語らせることで、こうした表面上の姿と異なった姿を浮き彫りにしていく。出島の外国人たちにとってオランダ語は、互いに偏見を持ち、また相手をだます道具になりうるものように見える。これとは対照的に、医学を学び、より広い世界を知りたいという強い思いに駆り立てられている日本人の医師たちにとって、オランダ語は知らない世界へとつながっていく貴重な道具なのであった。

このような言語の二重性はまた、出島というものの存在自体の中にも内包されている。外国人たちにとってそれは幽閉の土地であり、未知の世界を垣間見せられながらもそれを十分に知る機会を与えられない状況を表している。これに対して、日本人たちにとって、それは自由と未知の世界へとつながるドアなのであった（図1参照）。

人の心の成長は、換言すれば、自分の知らないものにどれだけ開かれているかにかかっている。しかし未知のものは、私たちを脅かしがちであり、ゆえに人は偏見や独善的な世界に閉じこもり、知らないものを憎んだり無視したりするようになると思われる。こうした葛藤状況は、遡っていけば、生まれたときの母親そして世界との初めての出会いを巡る葛藤につきあたると考えられる。

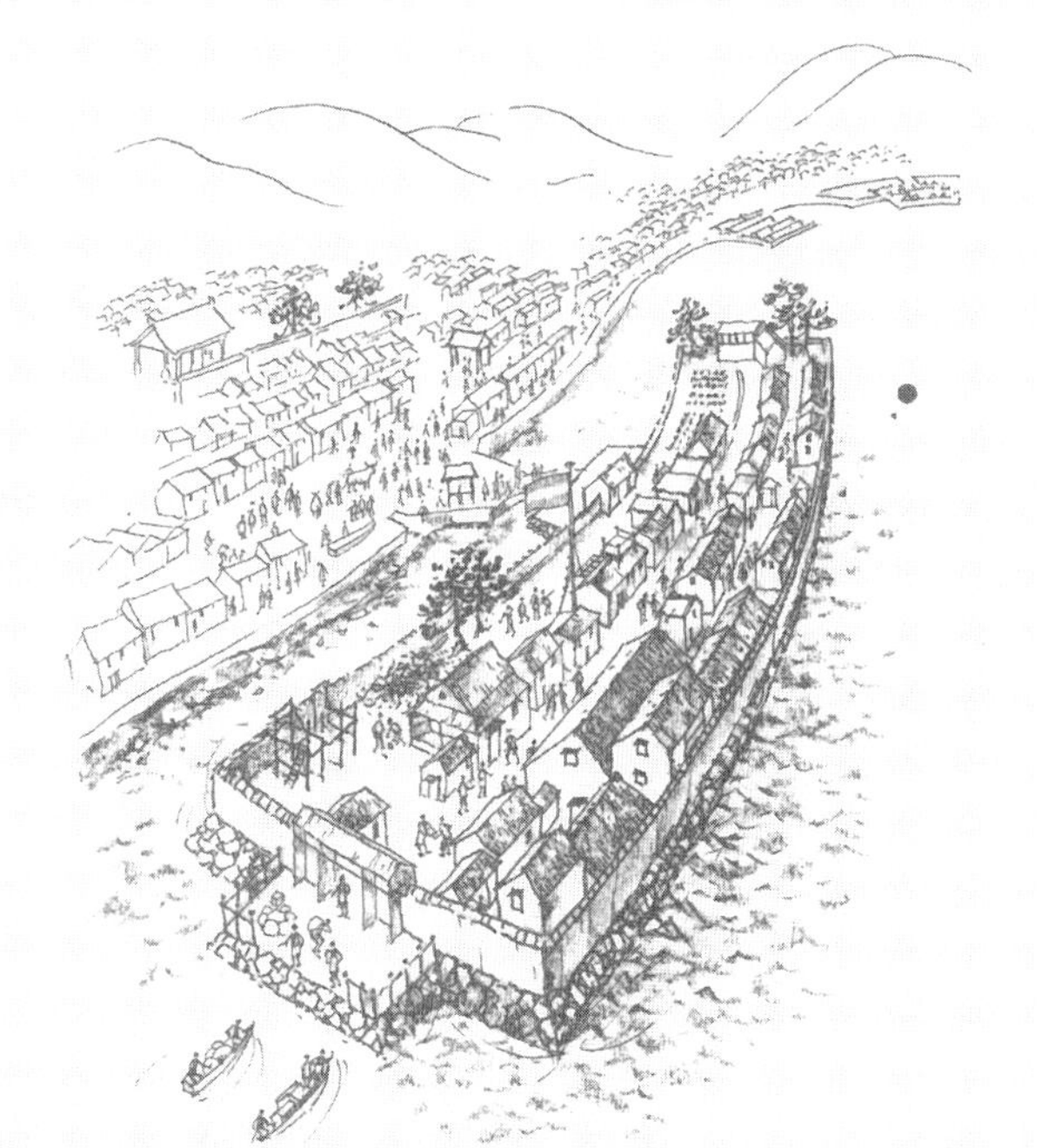

図1　Mitchel, D.（2010）より

美的葛藤

小説はオリトがマエノという医師とともに長崎奉行の子どもの困難な出産を成功させる場面から始まる。赤ん坊は、横位であり、すでに上肢脱出が起こっており分娩が非常に困難な状態にあった。つまり、腕の一部は出ていたのであるが、体の残りは明後日の方向を向いてしまっていたのである（図2参照）。オリトは、西洋医学から学んだ鉗子分娩の方法で何とか赤ん坊を無事分娩することに成功する。

この冒頭の場面は、この小説の主題全体を表現しているように思われ、出島の意味の二重性のさらに深い意味が開示されているように思われる。すなわち、それは、未知の世界へと手を伸ばしつつ、体の残りの部分は良く知った子宮の世界に留まろうとして、ねじれた姿勢のままで袋小路に陥っている赤ん坊の姿としてみることができるのであった。

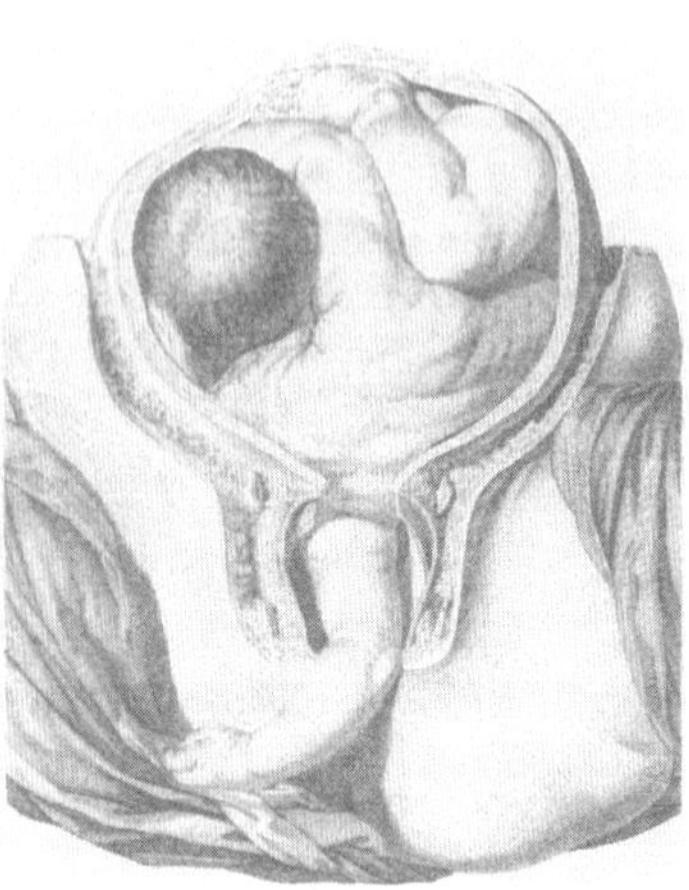

図2　Mitchel, D.（2010）より

赤ん坊が母親、そして未知の世界に魅了される姿は、ヤーコブのオリトへの思いの中に明瞭に表現されている。ヤーコブは、出島の中で勝手に振舞うサルを捕まえようとしておしっこをかけられたとき、マリウスの授業を受けに来ていたオリトに偶然出会う。示唆的であるのは、ヤーコブのオリトへの思いは、いわゆる一目ぼれであり、またそのときヤーコブはおしっこをかけられているという屈辱的な状態であったことである。私たちはみな大人になると忘れてしまうが、赤ん坊は自分でおしっこを処理することができず、お漏らしをした状態で母親に世話をされる。オリトと初めて出会ったとき、ヤーコブはこうした赤ん坊の状態であったことを、おしっこのエピソードは示唆しているように思われる。そして、しばしば私たちは、異文化をはじめとする未知の世界に出会うとき、屈辱的な状態になるし、またなる必要があるとも言える。それが、一目ぼれが起こる必要条件であるかもし

れないのである。メルツァーは、一目ぼれの現象と、生まれたばかりの赤ん坊の母親との出会いとを結び付けて考察している（Meltzer, 1988）。生まれたばかりの赤ん坊は、母親と出会うとき、その美しさに魅了されるのである。成長した後の一目ぼれの現象は、その経験の焼き直しと見ることができるのである。

傷ついた母親と邪悪な父親

しかしヤーコブのオリトへの魅了のされ方は、彼特有のものがあることが見て取れた。それは、彼が何度も描いたオリトの顔をみれば明瞭である。すなわち、オリトの顔の半分には火傷の跡があったのである（図３参照）。それは単に美しいという顔ではなく、ある種の痛ましさを感じさせるものであった。私は、このような傷のある女性の顔は、封建社会の中で苦しめられている女性の姿を表現しているとみることができるように思う。女性であるオリトは、男性と比べその活動を著しく制限されていたのである。さらにそれは、エノモト僧正に代表される悪い父親に囚われ、性的奴隷として、そして偽の宗教という嘘の創造性のために奉仕させられる母親の姿とみることができるように思われる。エノモト僧正の権力と創造性はうさんくさく、シラヌイ山神社の奥深くにその邪悪は隠されているのであった。エノモト僧正は、身体障害のある女性、すなわち傷ついた母親を癒し、赤ん坊を授け、神に奉仕させるという美名の下に、邪悪な行為を行っていた。私は、これらはすべて子どもの持つ、父親に対する疑念を表現している

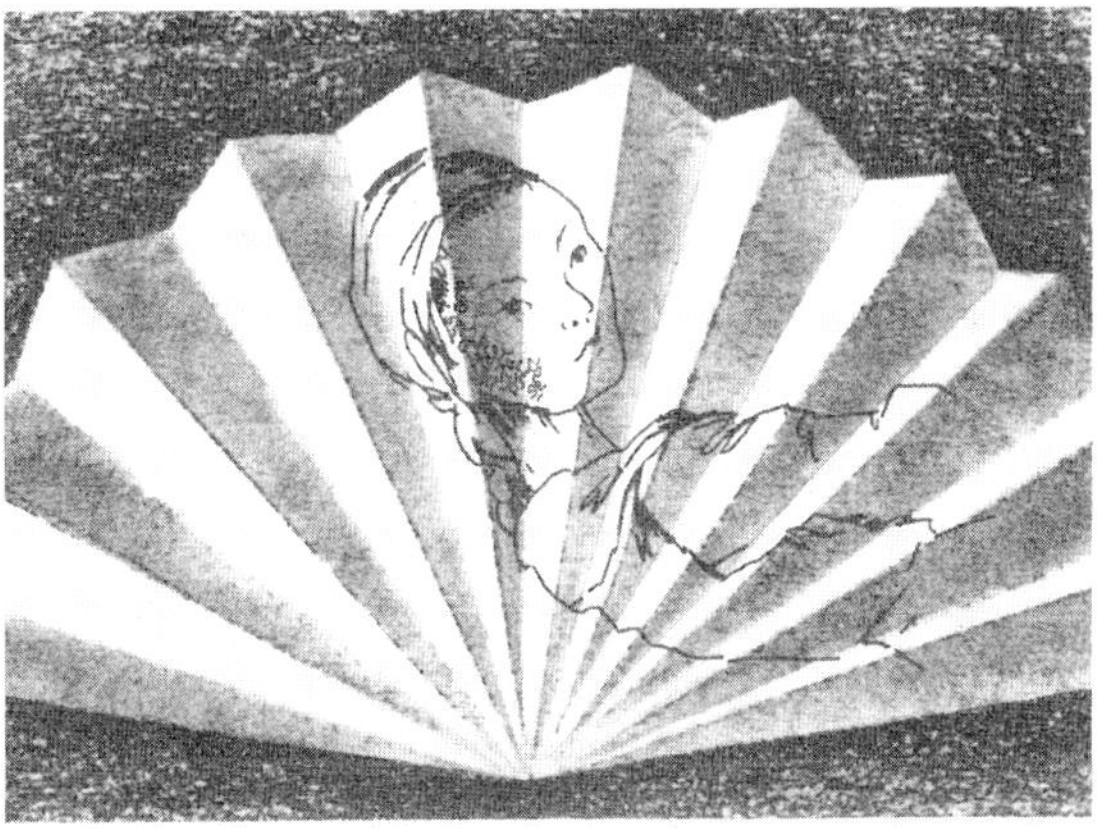

図３　Mitchel, D.（2010）より

とともに、子ども自身が倒錯的で破壊的な空想を持つことから生じる罪悪感を父親に転化しているものであると考える。すなわち、子宮の中に留まり、母親を奴隷のようにこきつかい続けること、しかもそれを創造的な行為であるかのように正当化することは、まさしく子どもの空想であるかもしれないのである。このことは実際出島の外国人たちが売春婦を「妻」としていることに表現されている。そしてヤーコブもそのような売春婦の一人を「妻」とするのであった。

こうした人を欺く邪悪な父親の姿はこの小説の中で随所に現れる。ヤーコブやその他の商館のスタッフを欺いた商館長もその一人であろう。また、後で述べるように、ヤーコブは曽祖父の代から代々受け継がれている旧約聖書の詩篇の冊子を肌身離さず持ち歩いていることに表現されているのだが、この小説では言葉と父性とが密接に関わっている。その意味で、人と人を結びつけるというよりも、人を分断しているように見える言葉は、疑わしい父親の姿と重なると考えてよいであろう。それは赤ん坊を食べ、息子を殺す父親なのである。実際にエノモト僧正は、ヤーコブの分身でもあるオガワを騙し、殺してしまうのであった。

こうしてみると、邪悪な父親という空想はまた、性交と出産という両親の交わりの創造性に対する子どもの根源的疑惑の表現でもあると見ることができる。これはフロイトに端を発し、クラインを経て、ポスト・クライン派精神分析においてエディプス葛藤の中核をなすものと見られているものである。こうした両親の関係の内実への疑念は、さらに、美しい母親のうかがい知れない内部への疑念をその起源とすると考えることができる。つまり、結局、これら邪悪な父親という幻想は、赤ん坊自身の未知の世界への恐れと憎しみと関わり、世界に背を向ける部分にその起源があると考えられる。そうして、それは横位の赤ん坊のように、母体を危機に陥らせるがゆえに、鉗子、すなわち父親によって取り除かれなければならないのである。小説の冒頭の分娩がオリト一人で行われたのではなく、マエダというもう一人の男性医師と共同で行われたということはこの点で大変示唆的であると思われる。それは、このようなねじれの状態にある子どもが世界に立ち現れるためには、父親と母親の協働関係が必要であると考えられるからである。マエダとオリトは小説の冒頭、この状況を打開するには胎児を切断するしかない可能性を話し合っている。同じように、日本を開国させに来たフェーブス号は力づくでそれを成し遂げようと長崎港に侵入してくる。そしてヤーコブたちを間違いなく殺すためにチェイン・ショットを用いようとする。チェイン・ショットは、英国海軍が用いていたもっとも残酷な兵器で、砲弾に鎖がつながれており、標的をばらばらに引き裂くのである。このように小説では、胎児が子宮というよく知った母体世界の中に留まりそれを搾取することを許さない、侵入し、切断する父親の姿が描かれている。

よい父親と詩

この小説のクライマックスで主人公を救うのは、よい父親であった。フェーブス号の艦長は、物見櫓に立つヤーコブの姿に、戦死した息子の姿を見、最後の砲撃をやめ、突如フェーブス号を退却させていく。長崎奉行は、息子の命を救ったオリトのために自らの命を犠牲にする。物見櫓に立ち最後の一撃が加えられるのを待っているとき、ヤーコブはマリウスとともに、旧約聖書の詩篇の二三編を暗誦する。それは以下のような詩句であった。

詩篇二三篇

……たとい、死の影の谷を歩むことがあっても、私は災いを恐れません。あなたが私とともにおられますから。あなたの鞭とあなたの杖、それが私の慰めです。

……まことに、私のいのちの日に限り、慈しみと恵みが私を追ってくるでしょう。私は、いつまでも、主の家に住みましょう。

この日本語訳の「恵み」という言葉は、英訳ではgoodnessとなっており、クラインの用いている「よいもの」

という言葉と同じ言葉のようである。また「災い」は英訳では evil すなわち邪悪となっている。鞭と杖は、鉗子とフェーブス号のように、どちらも父性的対象と見ることができるが、罰するものであるとともに助けになるものでもある。それは言葉と同じような二重性を持ち、人と人とを分断するとともに、結びつけもするものであり、災い、すなわち人の心の邪悪さから、よいもの、すなわち乳房の美を守ってくれるものといえるかもしれない。このことは、長崎奉行が最後を迎える直前の静かな瞑想のひと時の美しい描写に表現されている。そこでは、かもめが長崎の街に住むさまざまな人々の間を飛んでいく様子が描かれており、それは互いに異なる人同士をかもめ（父性的対象／言葉）が結びつけ融合しているように見える。

このようにヤーコブを守り、オリトを守ったのは、あるいは赤ん坊を守り、母親を守ったのは、詩篇であると見ることもできる。それは、よい父親の表れであるとともに、切断し侵入するというよりも、さまざまなものを結びつけ、千の秋を調和させる創造的な力を持つ父親であると考えられる。

四、小説を書くことと精神分析の仕事

以上のように小説を精神分析的に読み解くことは、私たちの臨床とかけ離れているように思われる人もいるかもしれない。しかし私は、小説家は私たち臨床家と異なった仕方で人の心の奥深くを探索し、多くの場合臨床家よりもはるかに深い理解に到達しているように思われる。また多くの小説家にとって書くこと自体が、自己治癒もしくは自己成長の過程であることは明白なように思う。ミッチェルにとってもそうであることは、『ヤーコブ・デ・ゾエットの千秋』が彼自身の日本滞在経験、そして日本人の妻と家族を持つようになったことに基づいているというだけでなく、その言語的コミュニケーションの二重性とそれと密接に関係した両親の関係の問題という主題が、彼の前作の『ブラック・スワン・グリーン』という自伝的小説からの展開であることからも推測で

きる。作者と思しきその小説の主人公ジェーソンの両親は不仲であり、また彼は吃に悩まされているのであった。つまり、彼は、話をしようとすると、それを妨害する自分自身の動きに邪魔されるのであった。それはコミュニケーションをとろうとすることと、人とつながることを妨害しようとすることとの相克の表れとみることもできる。そのジェイソンの心の支えになっていたのが詩を書くことであった。こうして考えていくと、ヤーコブを守ったのが詩篇であったのと同じように、ミッチェルを助けてきたのは、本書のような詩のような小説を書くことであったと考えられる。

最後に私自身の臨床実践の一コマについて述べたい。

二〇代の母親であるHさんは、三歳になる娘Iちゃんのことが心配で私のところに相談に来た。とても明るく活発なIちゃんには表面的には何も心配なところがなかったのであるが、Hさんは、夫が数カ月前にうつ病になり自殺したことが悪影響を与えていないか心配していた。将来夫と同じようなうつ病を発症しないか心配もしていた。夫がなくなった後、Iちゃんは慣れ親しんだ家を離れ、遠隔地にある祖父母のうちにHさんとともに同居するようになっていた。つまり、Iちゃんは、父親だけでなく、育った家も失っていたのであった。

母子同席で行った、初回の面接中Iちゃんは落ち着きなく、部屋の中で踊ったり、走り回ったりした。印象的だったのは、壁に向かって走り、壁にぶつかるとまた反対の壁にぶつかることを繰り返したことである。それはまるで、彼女のいる空間が堅固な構造を持っているかどうか確かめているかのようであった。数回のアセスメント・セッションを通じて、Iちゃんは、ほとんど象徴的な遊びはできなかった。Hさんによれば、家や保育園ではごっこ遊びや描画など年齢相応の遊びを活発に行っていることから、私との面接では不安が大きくてそうした普段の力を出し切れていないと考えられるだけでなく、二歳児に見られるような振る舞いをしていることから、彼女が父親が生きていたころに退行しているとも考えられた。Hさん自身も夫の突然の死を悼むことができず、ほとんど泣いたこともない状態であることもわかって来た。

アセスメントののち、こうしたことをＨさんと話し合い、心理療法は始まった。心理療法が始まると、Ｈさんとの分離が難しいＩちゃんは、「ねんね」と呼ぶ母親の使い古したＴシャツを持参し、一通り落ち着かなく部屋を徘徊した後、その「ねんね」を顔にこすり付け、指吸いをしながらソファの上に寝転がることが多くなった。印象的だったのは、初めてＩちゃんが母親と離れて部屋の中で私と二人だけになったセッションでの次のような素材である。

Ｉちゃんは、折り紙を切り刻み、空中に投げ出し、それら紙切れがはらはらと落ちてくるのを見上げた。しかし、突然彼女は持参した「ねんね」を拾い上げ、顔に擦り付け指吸いをし、ソファの上に丸まってしまった。

Ｉちゃんが毎回のように示す素材は、一度去ったものは二度と戻ってこないという強い不安を彼女が持っていることを示唆していた。こうしたことと、彼女が怒りの感情を表現することを恐れていることとを関連付けて考えることはできた。怒りは切り捨てることを意味し、それは彼女を支える器そのものの崩壊も意味していると感じているように思われた。ここに挙げた素材は、Ｈさんが最近Ｉちゃんと一緒に亡き夫の散灰を行ったことと関連しているように思われた。したがって、この素材は、亡くなった父親がどこかに行ってしまったことを認める行為と関連しており、そのことに伴う怒りや悲しみの気持ちがこの素材に含まれているとみてよいだろう。しかし、Ｉちゃんはこうした思いを保持できる空間構造を維持することができず、「ねんね」との密着した安心感に撤退していく。私はこの素材はまた、Ｉちゃんと乳房との関係も表現していると考える。折り紙がひらひらと空中を浮遊している様を見上げるＩちゃんは、どこか母親に抱かれて母親の顔や乳房を見上げる赤ん坊を思い起こさせた。赤ん坊自身とその美しい対象である母親とその乳房との間には空間があり、その空間はあらゆる不確かさと痛みの発生源でもある。その不確かさと痛みに耐えられない赤ん坊は、あらゆる空間を崩壊させ、感覚的対象との確かな安心感に撤退しようとすると考えられる。Ｉちゃんの素材にはこうした彼女の心の動きが表現されているように思われた。

Iちゃんはこのように、崩壊せず痛みを包容することのできる、柱や壁のような父性的対象を必要としているようであった。このような文脈で、Iちゃんが毎回セッションにやってくると、私に向かって「おっさん」と呼んだり、「嫌い」と罵ったり、あるいは私のもとにやって来て私を殴ったりけったりすることも理解できた。それはまるで彼女が自分の攻撃性によって父親的なものを壊してしまわないことを確認しているかのように見えた。それはまた最初の方に見られた壁にぶつかっていく行為に似ているようにも思えた。このような流れの中で、彼女がセッションの終わりに部屋にある置き時計を自分の好きなようにいじろうとするのを私が止めると、彼女は腹を立て、ついには身をよじって泣き始めた。それはとても悲しそうな涙であった。彼女は、私が提供した空間の中で腹を立て、そして涙を流して悲しむことができるようになったのであった。

五、おわりに――小説と精神分析の美

Iちゃんは、『青の愛』の主人公のように、父親との美しい思い出とそれが引き起こす苦痛に苦しめられており、さらにその背後には、美しいおっぱいに魅了される気持ちとそれが所有できないことから袋小路の安心感に撤退しようとする気持ちとの葛藤があることがみてとれた。それは、『ヤーコブ・デ・ゾエットの千秋』の赤ん坊のように、美しい未知の世界に出て行くか、既知の世界の虚偽の安心感に留まるかという葛藤でもあった。精神分析臨床は、小説と同じように、こうした美についての人間の葛藤を扱っていると私は考える。そして、自己治癒や自己成長を生み出す創作行為はそれ自体が美しさを奏でるように、治療構造と理論構造という父性的な枠組みによって支えられ、作り出される精神分析過程は、それ自体が美しいものとなるときこそ、その参加者にとって、とても満足の行く仕事がなされるのではないだろうか。

文　献

Klein, M.（1940）Mourning and its relation to manic-depressive states, In: Love, Guilt and Reparation and Other Works. Hogarth Press. 森山研介訳「喪とその躁うつ状態との関係」西園昌久、牛島定信責任編訳『愛、罪そして償い』所収、誠信書房、一九八三

Klein, M.（1957）Envy and Gratitude. In: Envy and Gratitude and Other Works 1946–1963: The Writings of Melanie Klein 3. London: Hogarth Press. 狩野力八郎、渡辺明子、相田信男訳「分裂機制についての覚書」小此木啓吾、岩崎徹也責任編訳『妄想的・分裂的世界』所収、誠信書房、一九八五

Meltzer, D.（1988）The Apprehension of Beauty: the Role of Aesthetic Conflict in Development, Art and Violence. Clunie Press.

Mitchel, D.（2010）The Thousand Autumns of Jacob De Zoet. Sceptre.

補章　大震災と詩――おわりに代えて

第12章で書いた話を日本語臨床フォーラムで話した際に、北山修先生から美しさとはかなさとのつながりを指摘する示唆深い話を聞かせていただき、はたと考えさせられた。確かに、日本語的感性からは美しさは、はかなさと密接に関係していると感じる。それに対して、ビートルズやクラインや聖書の世界では、美しさ（beauty）は、変わらなさ、不滅性（undying）とつながっているように感じる。壊すことのできない美を考えることではかなさの問題を克服できるというよりも、美の問題ははかなさの問題と分かちがたく結びついているのである。こうして、再び私ははかなさという現実に立ち戻らなければならなかった。

話は変わるが、二〇一一年六月六日の朝日新聞の夕刊（大阪版）に、大阪教育大学付属池田小学校事件の犠牲者の遺族の二人の親御さんの手記が掲載されていた。一人は母親で、事件の痛みを、障害者の介護の仕事をしていく中で癒されている様子を書かれていた。もう一人の父親は、事件のことを子どもたちに話す活動の中で絶望の中から光を見出していったことを書かれていた。その方は、亡くなった娘と同じような子どもたちが自分の話を熱心に聴いている様子をみていると娘が生きていた意義を感じさせられた気がすると述べ、結局光は自分の中にあるのではないかと震災の被災者の方に向けた言葉をつづられていた。

こうした人たちが本当に大切なものをすべてなくしたと感じた中から立ち上がって来られたのは、人とのつながりの中や自分の中にある光を見いだしていったからのように思う。彼らの言葉は人の心を動かし、はかなさのきわみにいる人の道標になるのではなかろうか。

三月十一日の大震災は確かに、私たちが当然そこにあると思っているものがいかに錯覚であるかを思い知らされる経験だったように思う。いわば、私たちの生活の虚飾がはがされスケルトンにされる経験ではなかっただろうか。そのような目でもう一度自分の生活をみてみると、何が大切なものであり、何がどうでもいいものであるか、もう少し明確になるかもしれない。つまり、はかなさのきわみのなかで、何が本当に変わらないものであるか考えさせられる機会でかもしれない。

精神分析は、しばしば科学というよりも、芸術であるという批判を受けている。もちろん、最も問題なのは芸術ですらなくただの似非科学であるかもしれない点であるが、その問題はここでは措いておいて、私はむしろ本当に精神分析が芸術と重なるような営みをしているとするならば、それは大いに誇りに思っていいことだと考える（精神分析を科学的営みと捉えることができるという点については、拙著『精神分析的心理療法と象徴化』の第1章や本書の第10章を参照）。芸術は美を扱うとともに、象徴化という人間の最も根源的な生の営みにかかわっていると考えるからである。私は、大震災を通じて見えてきたスケルトンの視点でそう確信する。つまるところ、私たちの個々の存在は消え去るにしても、私たちの生の痕跡は、象徴的に表現されたもの、究極的には私たちの作りだした詩句に残されていき、時と場所を超えて（across the universe）人のつながりの中に息づいていくのではないだろうか。そしてこうした認識はまた、自分自身の心の中に光を見出すことでもあるのではないだろうか。精神分析的心理療法が本当に意味を持ちうるのは、こうした人間の営みに関われた時ではないかと私は思う。

初出一覧

イントロダクション

第1章　精神分析ってなんぼのもん?（『学術通信』八六号、二〇〇七）
第2章　心理臨床家の自立について――内省と観察の営みとしての精神分析の学びと、深まり（大阪心理臨床研究所の開設記念講演会での講演をもとに書き下ろし、二〇一一年一一月）

パート1　精神分析の学び

第3章　フロイトとその現代的意義（第1回日本精神分析的心理療法フォーラム 全体会2での企画趣旨発表論文、二〇一二年一二月）
第4章　子どもと精神分析的心理療法を始めることをめぐって――クラインの場合（第3回精神分析的心理療法フォーラム 全体会2での企画趣旨発表論文、二〇一〇年五月）
第5章　Frances Tustin "Autistic States in Children (revised edition)"（『臨床心理学』四巻三号、二〇〇四）
第6章　ビオン概念の臨床活用の実際（『精神分析研究』五五巻四号、二〇一一）
補　章　精神分析学会における討議から（二〇一〇年日本精神分析学会教育研修セミナーでの討議）

パート2　精神分析の深まり

第7章　メラニー・クラインの「児童分析」のインパクト（一九九八年六月佛教大学臨床心理学研究センターでの講演原稿）
第8章　言葉を用いて考えること（『月刊 言語』三三巻三号、二〇〇四）
第9章　「共感」を考える――精神分析プロセスの結果としての共感（第4回精神分析的心理療法フォーラムの全体会1での発表論文、二〇一一年六月）
第10章　「解釈」を考える――芸術‐科学としての精神分析（西新宿心理臨床セミナーでの発表論文、二〇一一）
第11章　コンテインメント論再考――被虐待と発達障害への精神分析的アプローチ（小寺財団精神分析研究セミナーでの発表をもとに書き下ろし、二〇一二年一二月）
第12章　美と精神分析（日本語臨床フォーラムでの発表原稿、二〇一一年）
補　章　大震災と詩（『学術通信』九九号、二〇一二年四月）

あとがき

日々精神分析臨床実践に打ち込み、またそうした実践をしている方たちの指導をしている中で、ふと立ち止まり、人生の大半を費やしつつある「これ」は何なのか、という問いを自分自身に問いかけていく中で本書は出来上がっていった。私が精神分析に没頭するのは、そこには抗いがたい魅力があるからであり、本書には、その魅力をより多くの方たちに知っていただくために考えてきたことを書いている。それは同時に自分自身に語りかけることでもある。そして、精神分析に関心も持たないし、また敵対的なところもあるし、「それが何か意味あるの？」と反発もしくは軽蔑する部分があることにも気づかされるのである。

ひょんなことから、臨床心理職の国家資格問題に首を突っ込むことになり、私は臨床心理士コミュニティの民主化というスローガンを掲げて、もっぱらtwitterという極めて現代的な媒体を通じて、多くの人と臨床心理職の専門性や資格のあり方について討議する機会を持つようになった。日本の一般的なコミュニティでは、例えば学会などが典型であるが、参加者は言いたいことは言わず黙っている傾向が極めて強い。「偉い先生」が話していれば、異論や反論や批判があっても皆黙って聞いているだけである。それに対して、twitterでは、何か言うとあっという間に反応があり、皆言いたい放題であることに、私は関心を惹かれた。もちろん、学会などの議論と比較すると、無責任な放言が多いということでまともな議論にもなりにくい傾向があるし、時間や場所の制約がないのでだらだらと不必要に議論が続いてしまう傾向があるなどの大きな問題がtwitter上の討議にはあることにもすぐ気づかされた。しばしばレッテル貼りや誹謗中傷で「議論」が終わってしまうこともある。しかし繰り返すが「学会」での硬直しがちな討議に比べ、ある意味極めて民主的で自由な「討議」がtwitterでは成り立ちうるのである。さらに、意見としてはほとんど認められないような、愚痴や嘲笑、煽り、素朴すぎる考え、考えなしの考え、こうしたもののオンパレードに接していくと、それはほとんど過激なまでの集団の「自由連想」に直面しているような気持ちがしてくる。

顔も知らないたくさんの人たち、そしてその多くが遠くに住んでおり、自分とまったく異なる背景を持ち、異なる生活をしているであろう人たち、そうした人たちの「自由連想」に耳を傾けていく中で実感していくのは、心理臨床に携わる多くの人は内省や観察を本当に重視しているわけでもないし、また精神分析への敵対心をあらわにする人も多いという事実である。こうした臨床心理士の中には専門性そのものへの憎しみを持っているようにしか思えない人も中には見受けられた。

メルツァーによれば、ビオンが最終的に示唆していたのは、終わりのない対話である。twitter はある意味それを具現化する現代の媒体であるように思える。実際私の経験では、twitter の空間では、ビオンの〝A Memoir of the Future〟のように本当にいろんなキャラクターが勝手な説を主張し、その中でものを考え続けるというのは本当に難しいということである。そして、それが実のところ私たち精神分析の実践家が面接室やプレイルームで日々格闘していることであり、自分自身の私生活で格闘していることでもあることに立ち戻らされる。twitter での「自由連想」はこの問題が広い集団の中でもみられることを電気信号の明滅という形で示しているだけとも言えるだろう。

メルツァーは、こうしたパーソナリティの中にあるさまざまな部分、そして集団の中にいるさまざまなキャラクター同士の意味のある対話が成立しうるには、「よい内的対象の庇護のもと」にあるという条件が必要であると述べている。そしてそれがない場合には、不毛な対話、対話というよりも互いに相手を圧倒したり、無効化したりすることのみを目的とする戦闘行為、もしくは互いにものを考えない共謀行為に堕していくと示唆している。私自身、twitter での経験から、精神分析への敵対意見の多くはこうしたカテゴリーに入り、そうした人たちを説得することは見当違いであると実感している。

そもそも誰かを精神分析に引きこうもうと説得すること自体が見当違いであると言えよう。冒頭で精神分析は限りなく魅力的だと述べた。それがいかに美しいかと述べたところで、すぐさま「それは個人の趣味の問題であって、それで人の心のトラブルを治せるわけはないだろう」といった反論が起こってくる。私は、そうではなく、この「趣味の問題」がいかに心の健康や成長の本質を形成しているかについて本書で述べてきたつもりである。つまり、精神分析は心理臨床全般に役立ちうる何かなのである。それを内省と観察というキーワードでまとめていった。さらに付け加えるとしたら、それはコミュニケーションであり、対話の重要性とも言えるだろう。

精神分析は役に立つと主張すれば、すぐさまエビデンスがない、独りよがり、主観的という反論が起こってくるだろう。それに対して応えていくことも大切であり、すでにそうした試みは行われている。しかし、私は結局、「よい内的対象の庇護のもと」での討議をするつもりのない声とは共存することは可能であっても、協働することはできないと考える。そして重要なのは、協働することのできる可能性のある人たちに、私たち精神分析臨床に携わりその魅力を知っている者が、自分が感得した精神分析の美しさをできる限り奏でていく努力をすることではないかと思う。聴く耳を持つ人がその響きを聞けば、それが「良い内的対象」から流れてきていることが伝わるに違いないと思う。

このtwitterの時代に、書物の意義は何かと言えば、書物は、高速、高周波のさえずりではなく、スローで重低音の唸りのような響きを、「世界を超えて（across the universe）」届けることであろうと思う。実際、本書を書き終えての私の実感は、本書は、フロイトやクラインやビオンやタスティンやメルツァーの奏でた重低音の響きの、さえないretweet（再-さえずり）、もしくは下手くそなカバー曲演奏の試みに過ぎないということである。本書が奏でる唸りが、大海原を超えて深い海の底を伝わっていくクジラの超低周波交信のように、「遠くの海の中の誰か」に伝わっていき、それに呼応してその人の心の中にある「クジラ」が唸りを奏でることを夢見ながら本書を閉じたい。

本書を執筆にするにあたり多くの人の世話になり、また影響を受けた。そのすべてを記すことはできないが、ここにその一部の方たちについて書いておきたい。まず、第2章は、大阪心理臨床研究所の開設記念講演会での講演をもとに執筆した。このような機会を与えていただいた津田真知子先生に感謝したい。また本章の中核になるMartha Harrisの業績に再び関心を向けるきっかけを作っていただいたのは飛谷渉先生である。本章の議論および本書の続く章の議論の多くは、飛谷先生との日頃の討議にも多くを負っている。第3章と第4章と第9章は、日本精神分析的心理療法フォーラムの全体会での話題提供をもとにしている。日本精神分析的心理療法フォーラムはまだ若い学会であるが、精神分析について自由に討議できる場として今後の発展を願っている。第6章は，日本精神分析学会で企画されたビオンを学ぶ教育研修セミナーでの発言をもとにしている。松木邦裕先生は，ビオンについてのこうした企画に頻繁に私を招いてくださり，私がビオンについての考えを練っていくのを励ましていただいた。本章はその集大成であり，松木先生への感謝の気持ちで執筆した。第10章のもとになった論文は，西臨セミナーで発表したもので，司会兼指定討論の藤山直樹先生との対話が大変参考になった。第11章は，小寺記念財団主催のセミナーでの発表をもとにしている。当日私の発表に，小倉清先生，福本修先生，木部則雄先生がコメントしていただき，本章執筆に大いに役立った。第12章は，日本語臨床フォーラムでの発表をもとにしている。フォーラムを主宰しておられる北山修先生との対話はいつも刺激的で楽しいものであり，本書執筆の原動力であることをここに記しておきたい。北山先生のコメントへの私の応答を補章として本書の最後に付け加えた。もちろん，この対話は私と北山先生，そして読者の間で終わりなく続きうるのだろうし，そういう意味で本書は閉じられることなく開いたままなのかもしれない。

本書の中には，私がスーパービジョンをしている方たちの事例をいくつか引用した。快く事例の引用を承諾していただいた，志満慈子さん，綱島庸祐さん，堀内瞳さんに感謝の意を表したい。彼らやその他の多くの精神分析実践の同僚との対話から私は多くを学んでいる。そして言うまでもないことであるが，本書の私の思考の一番の基盤になっているのは，ここに名前を記すことのできない多くの子どもや大人のクライエントとの日々の対話であることを強調しておきたい。彼らが本書の影の「執筆者」なのである。

本書の装丁デザインは，広告会社を経営する友人の今井学士さんが多忙な中快く引き受けていただき，大変ありがたく思っている。

最後に，本書執筆を長い間励ましていただいた岩崎学術出版社の長谷川純氏に深謝したい。本書の構成や基本的な方向性も含めて，細かい文言の修正など本当にさまざまな面で本書が日の目を見るまでの道行を共にしていただいたと思う。精神分析や心理臨床文化は，こうした専門書出版業界の助けなしには存続することは難しいことを改めて実感した。

本書が，精神分析というクジラの唸りの響きにより多くの人が触れる機会になることを願う。

ま行

や行

ら・わ行

アルファベット

な行

は行

た行

さ行

索　引

あ行

か行

著者略歴

平井正三（ひらい　しょうぞう）

1994年　京都大学教育学部博士課程 研究指導認定退学

1997年　英国タビストック・クリニック児童・青年心理療法コース修了

帰国後，佛教大学臨床心理学研究センター嘱託臨床心理士，京都光華女子大学助教授などを経て，現在，御池心理療法センター（http://www.oike-center.jp/）にて開業の傍ら，NPO法人子どもの心理療法支援会（http://sacp.jp/）の理事長を務める。2011年より大阪経済大学大学院人間科学研究科客員教授に就任。

著　書　『子どもの精神分析的心理療法の経験』（金剛出版），『精神分析的心理療法と象徴化』（岩崎学術出版社）

訳　書　〔共訳〕アンダーソン編『クラインとビオンの臨床講義』（岩崎学術出版社），ヒンシェルウッド著『クリニカル・クライン』（誠信書房），ビオン著『精神分析の方法Ⅱ』（法政大学出版局），アルヴァレズ著『こころの再生を求めて』（岩崎学術出版社），メルツァー著『夢生活』（金剛出版）

〔監訳〕ブロンスタイン編『現代クライン派入門』（岩崎学術出版社），タスティン著『自閉症と小児精神病』（創元社），ボストンとスザー編『被虐待児の精神分析的心理療法』（金剛出版），ウィッテンバーグ著『臨床現場に生かすクライン派精神分析』，ウィッテンバーグ他著『学校現場に生かす精神分析』，ヨーエル著『学校現場に生かす精神分析〈実践編〉』，バートラム著『特別なニーズを持つ子どもを理解する』，ボズウェル他著『子どもを理解する〈0～1歳〉』，ミラー他著『子どもを理解する〈2～3歳〉』（以上 岩崎学術出版社），ホーン＆ラニャード編『児童青年心理療法ハンドブック』（創元社）

精神分析の学びと深まり

—内省と観察が支える心理臨床—

ISBN978-4-7533-1072-2

著　者

平井正三

2014年4月14日　第1刷発行

印刷　広研印刷(株)　／　製本　(株)若林製本工場

発行所　(株)岩崎学術出版社　〒112-0005　東京都文京区水道1－9－2

発行者　村上　学

電話　03(5805)6623　FAX　03(3816)5123